周迪 戎珂 孙震◎著

数字经济知识

The 100 Q&A Guide to the Digital Economy

百问

人民出版社

责任编辑：张　蕾

责任校对：周晓东

图书在版编目（CIP）数据

数字经济知识百问／周迪，戎珂，孙震 著 . —北京：人民出版社，2024.3

ISBN 978 - 7 - 01 - 026431 - 8

I.①数… 　II.①周… ②戎… ③孙… 　III.①信息经济－通俗读物

　IV.① F49−49

中国国家版本馆 CIP 数据核字（2024）第 062020 号

数字经济知识百问

SHUZI JINGJI ZHISHI BAIWEN

周 迪　戎 珂　孙 震　著

人民出版社 出版发行

（100706　北京市东城区隆福寺街 99 号）

北京中科印刷有限公司印刷　新华书店经销

2024 年 3 月第 1 版　2024 年 3 月北京第 1 次印刷

开本：710 毫米 ×1000 毫米 1/16　印张：19.25

字数：190 千字

ISBN 978 - 7 - 01 - 026431 - 8　定价：63.00 元

邮购地址 100706　北京市东城区隆福寺街 99 号

人民东方图书销售中心　电话（010）65250042　65289539

推 荐 语

数字技术正在全方位地改变经济活动，数字经济也已经成为我们日常生活、工作的重要部分。以我比较熟悉的金融业为例，数字技术带来了许多前所未有的创新，比如改善金融服务的触达、效率和风控，但也会形成一些新的挑战，比如风险的快速形成与传导。数字技术不会改变金融的本质，却可能改变金融体系运行的一些机制与特征。因此，拥抱数字经济变革，需要基于对其全面、准确的理解。《数字经济知识百问》兼具专业性和通俗性，是一本十分难得的好书。

北京大学国家发展研究院院长　北京大学博雅
特聘教授

在过去的 10 多年时间里，以互联网、大数据、人工智能、3G/4G/5G 通信等为代表的新一代信息技术实现了大规模商业化应用，推动新一轮科技革命和产业变革加速演进，并催生了各种数字经济新业态、新模式。与之相伴，新概念、新名词层出不穷，令专业人士也目不暇接甚至困顿其中。戎珂教授团队编写的《数字经济知识百问》，着眼于数字经济发展和数字中国战略的内涵，按照数字基础设施为物质技术载体，数据要素为支撑，重塑生产消费组织模式，赋能实体经济发展的基本逻辑，将数字经济运行划分为基础设施（Infrastructure）、生产端（To B）、消费端（To C）、数据要素（Data Factor）和赋能（Empower）五个模块，形成"IBCDE"框架，并将数字经济运行中涉及的 117 个问题分置于各模块中予以解答。这种别具匠心的处理方式化繁为简，以一种清晰易懂的逻辑和架构梳理出数字经济发展的条块脉络。相信本书的出版将有助于社会各界更为高效迅捷地理解数字经济内涵，从而更好地推动数字中国战略的全面实施。

中国社会科学院数量经济与技术经济研究所
数字经济研究室主任

在新一轮科技革命和产业变革深入发展的大背景下，以数字中国建设为引领，加快推动"中国式数字化"，既是实现中国式现代化的题中应有之义，又是新形势下筑牢全球竞争优势的核心抓手。本书基于数字中国建设"IBCDE"的独特视角，对当前数字经济发展中各方广泛关注的热点问题进行了系统解读。通读全书，我感觉内容编排别出心裁、解读阐释深入浅出，既体现了对全球视野和我国国情的关切，又很好地兼顾了技术前瞻性、理论完备性与政策落地性，是一本难得的数字经济入门读物。

国家发展改革委价格监测中心副主任　国家信息中心大数据部规划处处长

当前，人类社会正在进入继农业时代、工业时代之后的数字时代。数字技术以新理念、新业态、新模式全面渗透和融入人类经济、政治、文化各领域和全过程，深刻改变着人类社会的生产生活方式。本书以问答的形式，通过通俗易懂的语言，介绍了数字经济的核心概念、发展趋势以及困难与挑战。无论您是学术界的专业人士、企业领袖，还是希望拥抱数字经济新机遇的普通读者，本书都将为您提供深刻的见解和实用的建议，是了解和应对数字时代挑战的必读之作。

中国人民大学教授　教育部青年长江学者

数字经济不仅是全球发展的新动力，更是塑造人类未来生活的新形态。中国是首个将数据列为生产要素的国家，并在国家层面率先推动企业数据资产入表。这表明，作为一个在数字经济领域迅速发展的国家，中国处于这场全球性转变的前沿。然而，全面和深入理解数字经济，仍面临种种挑战。清华大学戎珂教授团队编写的《数字经济知识百问》，为我们提供了系统的知识和具有全球性视野的洞察。

该书有三个明显的特点：

一是知识体系高屋建瓴，具有严密的内在逻辑性。该书聚焦数字经济发展和数字中国建设战略，采用具有原创意义的"IBCDE"框架，系统分析了数字基础设施、数据要素、产业互联网、消费互联网和各种应用场景，为数字经济的多维度理解提供了一个总体视角。作者对具有数字中国特色的"IBCDE"框架中的重要议题进行的论述，层次清晰，观点明确，是一本接地气的、将数字经济理论与数字化实务相结合的知识地图。

二是知识要点的前沿性。凝练的问题及对问题的解答，紧密围绕中国数字经济实践的发展议题展开。同时在论述和解答中体现全球视野的特征，将中国实践与全球视野进行了有机结合。该书是一部既有理论又具实务，既有中国话语特征又有他国借鉴意义的知识文库，提出了数字经济"下半场"的若干重要研究与发展方向。例如，数字基础设施的建设管理问题、产业互联网与消费互联网的联通和有机结合、数据治理和隐私保护，以及数字技术在提高企业效率和创新中的作用等。这些议题或研究方向丰富了当代信息经济学发展的理论成果，也为数字中国的政策措施制定，企业数字化转型战略与管理等前沿实践提供有价值的指导或启示。

三是内容的丰富性与思想的精深性。该书是戎珂教授及其团队成员多年来的学术研究成果结晶，其中不少内容源于他们多年来对数据经济理论的探索，在撰写内容时又增加了新的思考和与时俱进的分析，不仅反映出戎珂教授及其团队成员对学术创新与社会价值相结合的治学理念，而且使这部图书成为人们了解数字经济前沿知识的窗口。

本书的出版，对于促进社会公众、学术界和产业界提升对数字经济的理解和认知具有重要的社会价值和意义。期待与读者一起，共同为探索数字经济的规律而努力，见证中国数字经济的发展。

谢康

中国信息经济学会理事长

中山大学管理学院教授

序 二

　　数据成为新要素，数字技术成为新动能，由此引致了数字产业化成为全球竞争的新形态。同时，以人工智能、大数据、云计算等为代表的数字技术广泛应用于各行各业，促进了产业数字化转型，推动着产业结构和商业模式的深刻转型。无论是数字产业化还是产业数字化，往往由科技巨头来引领，它们不仅是当今社会价值创造的源泉，还是实现各类数字技术创新的源头，更在全球范围内打造一系列复杂、多元的数字创新生态，建构了全球科技竞争的新形态、新格局。数字技术是人类发展史上迭代最快的技术体系，呈现出前所未有的活力与生命力，我相信，数字技术在今后几十年内还将是创造价值最大的生产要素，并由此持续引发新组织形态、新生产形态、新社会形态变迁，因此，亟须理论界探索涵盖政治、经济、社会、文化和生态等领域的新理论体系，为数字经济、数字社会、数字文化等发展提供思想指引。

　　自 20 世纪 90 年代以来，我一直从事创新管理和战略管理研究，也提出过"非对称创新"理论、数字基础观理论，以及"数字创新""数字战略"等分析框架，但在直面一日千里的数字技术、日新月异的数字经济时，仍存在一种无形的巨大压迫感，在认识数字世界的生产力和生产关系变迁时，仍存在一种深深的无力感。比如，我们究竟该如何看待数字社会对传统文明的挑战？如何看待数字产业组织的垄断性？如何认识人对自由的追求与数字技术对人和社会的高度治理之间的冲突？这些问题需要我们全面理解数字经济对个体、组织、企业和社会产生影响的内在规律。

数字企业或数字化转型企业是数字经济的基本单元，要理解数字经济，必须要理解数字企业组织，现今的企业组织形态比起100年前的组织形态几乎发生了翻天覆地的变化。企业已经意识到，数字经济不仅仅是一种数字技术驱动的经济发展模式，更是一种全新的生产方式、全新的组织方式、全新的价值实现方式，而且这些变化趋势是长期的、不可逆的。企业也肯定已观察到，长期深耕的行业在数字化冲击下正在发生剧变，不同行业间此消彼长的频率持续加快，对企业的韧性提出了更高的要求，因此，我们需要为企业决策者和管理者提供包括数字战略、数字创新、数字组织、数字生产、数字治理、数字生态等全方位的知识，帮助社会公众去认识数字经济时代的生产和生存逻辑。

《数字经济知识百问》为管理理论的探究者和管理实践的探索者提供了一套系统、全面的数字经济知识体系。这本书梳理了117个问题，基本涵盖了数字经济、数字产业、数字消费、数字社会等大家关心的基本问题，是一本不可多得的数字经济百科全书。该著作创新性地提出了"IBCDE"理论框架，可以帮助初次接触数字经济领域的读者快速形成对数字经济的全面了解。该著作不仅阐述了基于过去各类数字技术所形成的数字基础设施（I），并对生产领域的数字化（B）和消费领域的数字化（C）分别展开分析，重点阐述了平台和生态这两种新的组织结构，深入浅出地介绍了数据生产要素（D）。最后，该著作系统梳理了数字经济所带来的经济社会影响（E）。该理论框架具有很好的解释性，可以帮助读者理解当前数字经济领域的各类问题。

当今社会对数字人才的需求不断提高，各行各业需要大量"数字经济+""数字经济×"的综合性人才。《数字经济知识百问》不仅可以成为各类在校学生汲取数字经济知识的配套读物，也是政界、业界快速掌握数字经济的科普读物。我期待该著作能成为读者了解数字经济的一把金钥匙，为大家打开数字经济的宝藏。

教育部长江学者特聘教授

浙江财经大学党委副书记、副校长（主持工作）

序 三

当前，世界之变、时代之变、历史之变正以前所未有的方式展开，世界发展开启了新的逻辑轨道，经济格局进入新的动荡变革期。从不确定、不稳定、难预料中发现内在本质，并把握、创造发展主动性，是我国于变局中开新局的重要路径，也是中国从弯道超车到新赛道引领的关键节点。数字经济是继农业经济、工业经济之后的主要经济形态，是于不确定中寻找确定、加速产业转型升级、提升国家竞争力、维护国家安全的重要抓手，已成为国际竞争的焦点。世界主要发达国家加紧出台数字经济领域相关规划和政策，围绕核心技术、顶尖人才、标准规范等进行强化部署，以图在新一轮国际科技经济竞争与全球发展变局中掌握主导权。

我国高度重视数字经济发展，先后出台《"十四五"数字经济发展规划》《数字经济发展战略纲要》等战略规划促进数字经济持续健康发展，并于2023年2月印发《数字中国建设整体布局规划》，以进一步激发数字经济新动能、推进中国式现代化。数字中国建设既需要顶层的整体规划，也需要中层的具体设计，还需要基层的扎实推进与落实。这就要求提高全民全社会数字经济素养和认知水平，明确数字经济发展重点，联合攻关、扎实推进。

　　戎珂教授在数字经济领域深耕多年，长期关注数字经济和数据生态研究，是该领域研究的领军人物，对数字经济发展的基本逻辑、关键问题、未来趋势有着深刻的理解。戎珂教授团队编写的《数字经济知识百问》一书，既是对数字经济基本问题的系统梳理与解答，也呼应了我国数字中国建设进一步设计、落实的现实需求，兼具理论意义与实践意义。

　　《数字经济知识百问》从理论层面出发，提出了"IBCDE"框架以进一步落实数字中国建设。这一整体框架形成了以数字基础设施（I）为发展基石、以数据要素（D）为第一要素驱动力量、衍生出产业互联网（B）和消费互联网（C）两大组织生态，推动产业数字化发展，赋能万千场景（E）的数字中国基本落实方案框架。全书共五篇，共有 117 个问题，囊括了数字经济全领域的关键核心问题，从底层基础技术到最终的数实融合进行了全面逻辑阐述与分析，既为各级政府进一步深化落实数字中国建设提供了有益借鉴，也为全社会提升数字经济认知水平、明晰未来发展方向提供支持，是一本兼具科普性与趣味性的读物。

　　希望以《数字经济知识百问》的正式出版为契机，鼓励更多学者和专家参与到数字经济研究领域，共同为做大做强做优我国数字经济作出更大贡献。

中共中央党校（国家行政学院）经济学部副主任、教授

目 录

CONTENTS

前　言

　　人类经济社会的发展与技术革命和进步密切相关。第一次和第二次工业革命引领我们进入工业化时代。第三次工业革命以信息和通信技术（ICT）的突破和广泛采用为标志，也被称为数字革命，带领人类社会的经济发展模式从工业经济迈向数字经济。当前，第四次工业革命正在如火如荼地开展，以人工智能为代表的技术模糊了人类社会在物理（Physical）、数字（Digital）和生物（Biological）等领域之间的界限，各类技术不断融合，一个虚实融合系统（Cyber-physical Systems）正在逐渐形成。因此，第四次工业革命的进展将使我们的经济生活更加数字化。数字经济被定义为："以数字化信息和知识为关键生产要素，以现代信息网络为重要活动空间，以信息通信技术（ICT）的有效利用作为促进生产力增长和经济结构优化的驱动力。"[①]随着如人工智能、5G、大数据、物联网等越来越多数字技术的快速发展，数字经济已经成为全球经济发展的新动力，并广泛渗透到其他经济

[①]　G20 Digital Economy Development and Cooperation Initiative, 2016,https://www.mofa.go.jp/files/000185874.pdf.

领域，深刻改变着全球经济的发展动力、发展方式，并重塑着国际治理的格局。

为了更好地推动数字经济的发展，中国政府提出了数字中国建设的重要战略。建设数字中国是数字经济时代推进中国式现代化的重要引擎，是构筑国家竞争新优势的有力支撑。2023年2月，中共中央、国务院印发的《数字中国建设整体布局规划》明确了数字中国建设按照"2522"的整体框架进行布局，即夯实数字基础设施和数据资源体系"两大基础"，推进数字技术与经济、政治、文化、社会、生态文明建设"五位一体"深度融合，强化数字技术创新体系和数字安全屏障"两大能力"，优化数字化发展国内国际"两个环境"。基于数字中国建设的整体布局规划，戎珂从数字经济视角出发，深入剖析了数字中国建设对中国式现代化的重要意义，并提出"IBCDE"框架作为数字中国建设布局的可行方案。[①]

"IBCDE"的框架主要由五个部分组成（见图0—1），即数字基础设施（Infrastructure）、产业互联网（To B，Business/Industrial Internet）、消费互联网（To C，Consumer Internet）、数据要素（Data Factor）以及数字技术对万千场景的赋能（Empowering）[②]。该框架的内部逻辑可概括为：以数字基础设施

---

① 戎珂：《中国式现代化视阈下的数字中国建设》，《人民论坛》2023年第17期。

② Rong, K., Research Aagenda for the Digital Economy: an IBCDE Framework，*Journal of Digital Economy*，2022（1），pp.20–31.

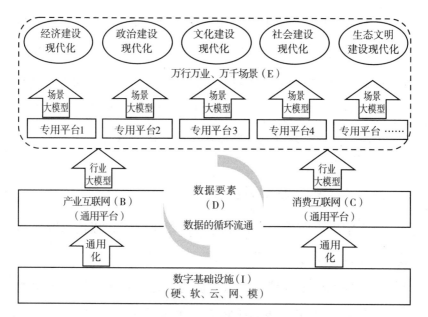

图 0—1 数字中国建设的 "IBCDE" 框架

（I）为发展基石，以数据要素（D）为第一要素驱动力量①，衍生出产业互联网（B）和消费互联网（C）两大组织生态，推动产业数字化发展，赋能万千场景（E），为推动中国式现代化打下坚实基础。数字中国建设的 "IBCDE" 框架是在安全高效利用数据要素的基础上搭建起的聚合 "通用能力 + 专业能力" 的具有高互补性、可赋能万行万业的数字生态。

本书聚焦数字经济发展和数字中国建设战略，对 "IBCDE"

---

① 戎珂、黄成：《掌握数字文明时代第一要素，迈向社会主义现代化强国》，2023年3月17日，https://www.ndrc.gov.cn/xxgk/jd/jd/202303/t20230317_1351340.html。

框架服务数字经济发展和数字中国建设等若干重要话题进行了系统的分析，按照"I → B → C → D → E"的顺序逻辑，分五篇展开，旨在为地方党政领导干部、关注数字经济发展的相关人员普及数字经济和数字中国建设的基本知识点，也可以作为基础性读物，供研究数字经济和探究数字中国建设的专业人士阅读。

第一篇 数字基础设施

数字基础设施作为一种新型基础设施体系，以信息网络为基础，全面融合新一代信息技术，以数据感知、传输、存储、计算、处理和安全为核心，以数据为关键生产要素，是数字中国建设的底层支撑。新一代数字基础设施主要包括五个方面：(1) 数字硬件，如芯片、服务器等；(2) 数字软件，如操作系统、数据库等；(3) 数字云，如云计算、云服务等；(4) 数字网络，包括5G、物联网等；(5) 通用大模型，如大语言模型、盘古大模型等。其中，网络接入是前提，涵盖了家庭、社会所需的宽带连接与目前主要应用于生产领域的5G接入。在连接入网后，数据的存储、流动、运算等则主要依靠云，"万物皆上云"是数字时代的根本特征。云建设的背后是服务器建设，芯片则是服务器的核心硬件，以操作系统为代表的基础软件与部分工业软件为数字基础设施提供向上支撑的窗口。最后，通用大模型和各类行业专有模型作为 AI 基础设施为上层应用提供智能基础，为实现更高效、更智能的数字赋能提供强大的算法支撑。

第二篇　产业互联网

在数字技术的支持下，数字平台成为普遍存在的新组织。许多大型科技公司都采用了基于平台的商业模式，如谷歌、亚马逊、苹果等，给全球经济和创新带来了深刻的影响。数字平台影响着各行各业，包括电子商务、社交媒体、游戏、应用程序和芯片，涵盖了 To B（生产端）和 To C（消费端）的活动。

在生产端，拥有强大数字技术的科技巨头企业往往会通过搭建产业平台来孵化和治理基于数字技术的一整条完整供应链。产业平台主要是通过技术标准、组织框架、共性技术等共性模块（能力），吸引大量相关企业接入产业平台。一旦企业获取到产业平台所提供的共性模块（能力），其不仅自身生产率得到大幅提升，不同企业间也会基于这些共性模块（能力）产生强大的网络效应。由于这些由产业平台赋能的企业通常具有很强的互补性，因此也被称为产业平台的互补者。

随着越来越多的产业平台与不同行业的互补者连接，产业互联网也迎来了快速发展时期。互补者可能来自供应链的任何环节，而采用相同技术标准的互补者之间的连接也变得更加容易。数字技术的采用无疑会促进整个供应链的数字化。产业互联网中的数字技术通常分为三类：（1）基础设施即服务（IaaS）所需的数字技术；（2）平台即服务（PaaS）所需的数字技术；（3）软件即服务（SaaS）所需的数字技术。产业平台植根于 IaaS 层面，通常在 PaaS 层面发挥作用，而互补者通常在产业平台的支持下在 SaaS 层面运作。因此，整个产业平台的运作离不开数字基础设施、产业平台和互补者之间的合作。同时，这种紧密的合作也使得整个产业平台系统能够快速响应终端需求，进而实现大规模定制。此外，由于互补者拥有的行业知识通常门槛较高，因此产业平台不太可能在产业互联网市场上实现"赢者通吃"。

第三篇　消费互联网

在消费端，双边平台一般作为中介连接不同参与方，促进交易和交换。双边平台利用数字技术在消费端创造价值，推动消费互联网的发展。平台上不同边的用户群体之间可产生强大的网络效应，极大提升用户从双边平台上获得的效用。典型的双边平台包括淘宝、抖音、微信等。以抖音为例，抖音上的视频观看者、视频创作者之间互相影响：观看者越多对创作者的激励越大，创作者越多对观看者的吸引力也越大，这便是观看者和创作者之间的网络效应。抖音平台目前正在吸引广告商、直播者、电商商家、外卖商家等不同用户群体加入，这些用户群体之间的网络效应也正在像"滚雪球"般不断增强。

双边平台的发展给企业内部运营战略和机制带来了许多新的影响。以价格机制为例，相对于传统企业，双边平台通常采取截然不同的定价策略。由于不同的用户群体可以产生不同程度的网络效应，双边平台基于网络效应的强度采用不对称的定价结构往往才是最优的。在有些极端情况下，双边平台甚至需要补贴一方作为激励机制。

同样由于网络效应的存在，不同双边平台之间的合作具有了很多新的特征，其互相竞争也要更为激烈。例如，新进入的平台可以借助强大的网络效应，突破在位平台的质量优势。此外，大平台因其强大的网络效应和丰富的资源，被认为更有能力捆绑其他小平台，进而形成一个复杂的多平台生态。平台可将网络效应扩展到平台边界之外的其他互补利益相关者，从而建立平台生态系统，即由消费者、生产者、研究人员、政府等多个利益相关者组成的社区。互补者对平台生态系统非常重要。互补者的参与对平台生态系统的整体增长、创新和绩效有着重要的积极影响。因此，平台所有者如何吸引、培养和管理这些合作者成为一个关键问题。

当然，这种捆绑和扩张，也引发了人们对于平台垄断的担忧。如今的平台不仅是交易的推动者，而且通过与多个平台的互动和整合，拥有制定规则和塑造市场动态的权力，从而吸引了大量的社会关注和监管行动。这个过程中，双边平台引发了一系列包括侵犯隐私、造成国家安全隐患和削弱社会福利等在内的垄断行为。与传统组织相比，平台的运营具有高度动态性和多样性，其边界尚未完全确定，这给平台的社会责任范围和背景以及如何监管带来了极大的不确定性。为此，很多国家开始针对平台巨头出台各类针对性的监管条例和法律法规。例如，自 2021 年以来，中国政府一直在加强对具有垄断行为的互联网大平台的反垄断监管。

第四篇　数据要素

数字经济的蓬勃发展使数据成为重要的资源。2017 年，《经济学人》认为"世界上最有价值的资源不再是石油，而是数据"。因此，数据市场和数据生态系统已成为数字经济的一个新兴研究领域。从不同的角度看，数据有不同的定义。从信息技术的角度来看，国际标准化组织（ISO）将数据定义为"适合通信、解释或处理目的的正规化信息表示"。在一些经济研究中，数据被视为一种信息。信息是一种以位串形式存储的经济物品。信息有两种：一种是可以产生经济产品的指令集；另一种是指数据。值得一提的是，数据从互联网时代就已经存在，它对经济活动的影响一直备受关注。随着数据规模的不断扩大，数据已成为数字经济的重要资源。学术界认为，数据可以被视为信息中不属于创造力和知识的部分。它不能直接用于生产，但可以促进创造力和知识的形成，进而指导生产的改进。

数据促进了经济增长，尤其是数字经济的增长。与传统的生产要素（如劳动力、土地和资本）相比，数据具有一些不同的特点。第一，虚拟性。这表明数据在生产活动中需要与其他要素协同工作，包括数据与信息技术的融合、数据与劳动力的融合。第二，规模回报不断增加。随着数据规模的扩大，数据的边际回报也会增加。第三，数据是一种非竞争要素。数据被复制或共享后，其生产率不会随着用户的增加而降低。第四，负外部性。在数据使用过程中，存在隐私泄露的风险。

正因为数据具有如此多的特点，数据市场才不同于其他要素市场。当前，数据市场已经形成了从数据采集到数据存储、加工，再到数据分析、利用、交易等多个环节在内的数据价值链。为确保数据价值链顺利运行，需要解决三件事。首先是数据的确权。借鉴经济学家罗纳德·科斯（Ronald Coase）的观点，如果没有明确的产权划分，数据市场的交易成本将居高不下，进而限制数据市场的资源配置，损害社会福利①。数据所有权问题仍在探索之中。第二个问题是数据市场的结构。与标准化程度较高的股票不同，数据通常包含大量个人信息，而这些信息仍然难以标准化。对于数据是否适合场外交易还是交易所交易，目前并没有明确的答案。第三个问题是数据市场的价值分配。互联网巨头通过垄断地位获利，许多国家出台了平台反垄断政策。如何在所有的利益相关者之间更公平地分配数据市场的价值是一个需要进一步研究的重要问题。

随着数据市场的发展，另一个包含价值链之外更多利益相关者的组织也值得人们的关注。鉴于数据市场的复杂性和动态性，培育数据生态系统为更好地协调这些利益相关者成为可行方案。

---

① Coase, R. H., The Problem of Social Cost, *Journal of Law and Economics*, 1967, 57 (2), pp.1–44.

数字经济的快速发展推动了商业生态系统的演变。商业生态系统的数字化背景进一步提高了利益相关者之间的互动频率，而数据在这一过程中发挥着重要作用。在数据生态系统中，政府、研发机构、大学和产业联盟都为支持数据价值网络作出了贡献。

第五篇　数字赋能与新经济形态

数字经济日益成为各国经济发展的重要支柱之一。中国信息通信研究院发布的《全球数字经济白皮书（2023 年）》显示，2022 年中国的数字经济占 GDP 的比重已经达到了 41.5%[①]。目前学者已经达成共识，传统产业的数字化转型有助于拉动 GDP，转变消费结构，进而增强人力资本质量，最终充分利用数据资源。数字经济的日益发展，带来了诸多宏观经济影响，包括社会分配、就业、数字货币、金融等。

首先，在国家资源分配方面，数字技术正在颠覆传统的通信、商业和学习，以及人类在工作和家庭中的运作方式。它提供了更快、更容易的信息获取，降低了通信技术的成本，提高了生产力，提高了效率，加速了创新和经济增长，促进了政府透明度和公民与政府的互动等。信息和通信技术的有效部署和应用本质上是数字化的驱动。从宏观背景来看，数字经济对传统经济发展的影响主要归因于技术进步和革命对生产投入和产出效率的进一

---

① 中国信息通信研究院：《全球数字经济白皮书（2023 年）》，http://www.caict.ac.cn/kxyj/qwfb/bps/202401/t20240109_469903.htm。

步调整。换句话说，国家资源或多或少已经以更加数字化的方式重新分配。

其次，在社会就业方面，数字革命对传统商业的不信任和消费模式的创新，带来了传统生产体系和价值链的快速变革。这种革命可以看作云计算、物联网、人工智能、机器人等新兴技术综合应用的结果。这对社会就业提出了新的挑战。学者可能担心就业以及数字技术（例如人工智能和数字化机器人）的出现会导致就业短缺。事实上，新市场创造了越来越多的就业机会，这也将增加一些现有职业的就业机会。例如，中介公司正试图通过网络平台与独立零售商或个人客户建立联系，将以往的全职或长期工作模式转变为按需模式。这种就业模式将更加灵活，并通过不断加强的人机合作实现互联互通。显然，新的数字技术在很大程度上影响了社会就业领域，促进了新的就业解决方案的提供。

再次，数字经济的繁荣也将促进金融业（数字货币）的日益发展。数字货币的潜在大规模使用将在很大程度上得益于数字支付产业的发展和数字安全技术的进步。目前，数字经济正在重塑许多行业的商业模式。例如，在零售业，消费者可以在网上向本地零售商下订单，同时零售商也可以轻松收集和分析客户数据，进一步提供个性化服务。值得注意的是，中国作为世界上最大的数字支付市场之一，已成为国际金融技术或金融科技的先驱。因此，在数字经济时代，数字货币在中国得到了越来越多的推广应用。

最后，根据联合国贸发会议的《数字经济报告》，数据被视为一种重要资产，可以利用它来创造更多的个人和社会价值①。为充分释放数据的价值，需要一种全球性的数据治理方法以促进跨境数据共享，进而帮助各个国家应对一些全球发展的挑战（如健康、气候变化等）。与此同时，不受监管的数据流通也可能对国家安全和劳动力市场的稳定带来挑战。因此，加强跨境数据流动的全球合作成为一个具有挑战性的问题，这需要各国积极设计和实施一些相关的数据治理规则。一个可行的主张，便是建立一个数据相关的国际组织，为支持国际数据流设计共同的标准或规则②。这一全球数据治理组织，可以提供通用标准和政策，与世界各国共同管理跨境数据交易、保护数据隐私和加强数据安全。

以上是本书写作的基本逻辑。我们希望非专业读者通过这一逻辑也能较快理解数字经济发展和数字中国建设的一些基本常识。对地方党政领导干部而言，本书可以作为案头读物，帮助其较为全面而系统地把握数字经济发展模式，为日后进一步推动数字经济发展打下基础。

---

① UNCTAD, "Digital Economy Report 2021: Cross-Border Data Flows and Development: For Whom the Data Flow", 2021, https://unctad.org/webflyer/ digital-economy-report-2021.

② Aaronson, S.A., "Data is Different, and That's Why the World Needs a New Approach to Governing Cross-border Data Flows", *Digital Policy, Regulation and Governance*, 2019, 21 (5), pp.441–460.

第一篇

数字基础设施

数字基础设施作为一种新型基础设施体系，以信息网络为基础，全面融合新一代信息技术，以数据感知、传输、存储、计算、处理和安全为核心，以数据为关键生产要素，是数字中国建设的底层支撑。新一代数字基础设施主要包括硬件、软件、云、新网络、通用大模型五个方面。"十四五"时期是全球新型基础设施大建设大发展大演进的关键期，是依托现代信息智能技术改造升级传统基础设施的加速期。我国正围绕强化数字转型、智能升级、融合创新支撑，布局建设信息基础设施、融合基础设施、创新基础设施等新型基础设施。

1. 什么是新型数字基础设施？

　　基础设施包括交通、能源、水利、物流等传统基础设施以及以信息网络为核心的新型基础设施，在国家发展全局中具有战略性、基础性、先导性作用。2021 年，我国发布《中华人民共和国国民经济和社会发展第十四个五年规划和 2035 年远景目标纲要》，提出要建设现代化基础设施体系，统筹推进传统基础设施和新型基础设施建设，打造系统完备、高效实用、智能绿色、安全可靠的现代化基础设施体系。

　　新型数字基础设施主要包括数字硬件、数字软件、数字云、数字网络和通用大模型。

　　数字硬件基础设施是指用于处理数字信息和执行计算任务的硬件设备。常见的数字硬件设施包含个人电脑（PC）、服务器、超级计算机、网络设备（路由器、交换机等）、存储设备、嵌入式系统（如智能手机、平板电脑、智能家居设备、汽车电子系统等）、外围设备、传感器和控制器等。在这些数字硬件设施中，都少不了芯片的身影。芯片已成为数字经济发展的"芯"动力。中国作为全球最大的集成电路市场，是拉动全球集成电路市场发展的主要动力。根据其功能和应用领域，芯片可以分为多种类型，包括存储芯片、通用计算芯片、智能计算芯片、通信芯片、传感器芯片等。随着人工智能（AI）领域的快速发展，针对 AI 任务进行专门优化的 AI 芯片逐渐崭露头角。例如，一些 AI 芯片具有特定的张量处理器（Tensor Processing Unit，TPU）或深度学习加速器，能够更快速地执行矩阵运算和深度神经网络的计算操作，提供更高效、更快速的计算能力，以满足日益增长的 AI 应用需求。

数字软件基础设施是指用于支持数字化业务和数据处理的系统软件及服务。其中，系统软件包括操作系统、数据库及中间件。技术服务包括信息系统集成、信息技术咨询、集成电路设计、3D 打印等其他技术服务。在数字基础设施中，基础软件扮演着重要角色。如果说芯片是数字基础设施的心脏，那么基础软件就是数字基础设施的灵魂。作为连接硬件平台和应用系统的通道，基础软件在整个计算产业中扮演着"承上启下"的重要角色。任何平台软件和应用系统的运行均依赖于基础软件，各行业领域系统软硬件的互联互通、性能、安全性均建立在基础软件之上。

数字云基础设施是指通过云计算技术提供的各种基础设施资源，包括计算能力、存储资源、网络连接和服务等。这些资源可以通过云服务提供商，如亚马逊云科技（Amazon Web Services，

AWS）、微软云技术（Micrsoft Azure），以及华为云、阿里云等进行部署和管理。数字云设施使得用户可以基于需求快速获取和使用计算资源，无须自己购买和维护硬件设备，从而提高了灵活性和效率。云计算可提供一站式的解决方案。随着云平台的日益完善，不同业务场景应用日益丰富，云厂商针对各个行业的不同特点，可提供整套行业和技术解决方案，以帮助客户实现安全、高效上云。主要解决方案涉及数字政府、新零售、金融、制造业、体育、传媒、文旅、医疗健康、农业、音视频、智慧建筑、能源等。

数字网络基础设施是指构成数字网络的各种技术和组件，包括网络设备、网络协议和通信线路等。数字网络设施提供了数据传输、通信和连接的基础设施，使得不同设备和系统可以互相交流和共享信息。它们支持了数字化时代的信息传递和互联互通，是数字化经济和社会的基石。其中，5G 作为具备高速率、低时延、广连接的新一代移动通信技术，已成为实现人、机、物互联的现代数字网络基础设施。以 5G 为核心的新一代移动通信技术，在工业领域正发挥着提质、降本、增效等显著作用。移动通信技术的不断升级，加速了社会数字化发展的进程。

通用大模型基础设施是指基于大模型所形成的最基础、最底层的通用人工智能技术底座，可赋能各行业、各场景的智能转型。构建通用大模型基础设施，不仅需要数字硬件、数字软件、数字云和数字网络提供强大的计算和连接能力，也需要投入大量的数据资源进行模型训练。

2. 如何理解新型数字基础设施对数字经济发展的意义和价值?

新型数字基础设施是数字经济发展的基础和支撑。信息基础设施和融合基础设施扮演着支撑数字经济发展的重要角色。以数字硬件、数字软件、数字云、数字网络和通用大模型等基础设施所组成的新型数字基础设施构成了数字经济生态最底层的技术部分,成为我国实现数字化转型、建立数字经济生态的重要基石(见图1—1)。具体来说,建设好新型数字基础设施对我国数字

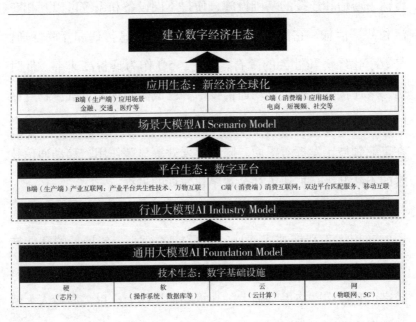

图 1—1　数字经济生态的构成

经济发展的意义和价值体现在以下几个方面。

（1）保障数字经济运行效率

数据与信息是经济动态循环过程中的重要要素与产物。受制于信息通信技术和信息交流方式的差异，不同文明发展阶段中各种要素在经济循环中流通运转的模式存在较大差别。在数字文明时代，数据逐渐成为超越土地、劳动力、资本、技术等生产要素的关键生产要素与核心资源。随着数字技术在经济社会各领域的渗透融合，数据的规模及价值呈爆发性增长趋势。新型数字化基础设施极大地推动了数据信息采集、传输、分析和互动过程的实时性、高效性以及安全性，使得商品、服务、资金等在经济循环中的传递和流转变得更加准确、高效。[①] 这进一步加速了数字经济的循环，显著地增进了整体经济运行的效率。

从微观角度看，新型数字基础设施的发展有力保障了数据要素在生产过程中各环节及与其他非数据要素之间的协同性。在流通和交换环节，新型数字基础设施，尤其是网络基础设施的完善极大提高了数据的传输效率与安全，改善了整个流通与交换环节的配置效率。

从宏观角度看，新型基础设施的发展为数字经济循环机制的畅通提供了根本的保障。在产业链的上游，材料和设备被视为整

---

① 蔡跃洲：《经济循环中的循环数字化与数字循环化——信息、物质及资金等流转视角的分析》，《学术研究》2022 年第 2 期。

个集成电路产业的基石；在中游，制造出的成品芯片几乎构成了所有数字技术的物质载体；而在下游，这些技术应用于经济社会的各个领域。围绕产业中游、上游各环节高端产品的攻关突破，从技术和产品供给上打通断点、堵点，不仅有利于畅通整个产业生态体系，形成规模可观的产业循环，也能为加快数字化发展提供物质和技术支撑。

实践层面，一些城市正积极加快构建先进网络基础设施和数据智能基础设施，同时，为了满足数字产业集群的发展需求，更加强调完善产业链基础设施的建设，使数字基础设施的构建成为推动数字经济发展的主要引擎。

（2）提升数字经济发展质量

我国经济已由高速增长阶段转向高质量发展阶段。数字基础设施通过发挥"数据"作为新型生产要素的巨大潜力，能有效对传统基础设施进行改造和赋能，并通过对重点领域和重点技术的发展推动数字经济高质量发展。而信息通信是推动信息化、数字化和智能化的关键推动力量，有助于构建多层次的工业互联网平台，促进融合创新。通过畅通经济社会发展的信息管道，进一步推动传统产业迈向数字化改造升级，为经济社会数字化变革提供关键支撑和创新动能。

具体来说，新型数字基础设施可以推动传统产业的数字化、网络化、智能化，促进产业升级。新型数字基础设施可以帮助企业创新服务模式。例如，通过物联网技术，企业可以提供更个性化、更智能化的服务。新型数字基础设施的发展为服务业出海提供了巨大帮助。一方面，新型数字基础设施改变了传统服务贸易的方式，通过连接海量数据和用户，服务远距离投放所产生的边际成本较低，跨境贸易产生的额外成本较小。特别是研发服务、众包平台等不仅能够提供跨越时空的服务，还能发挥更好利用全球资源的优势，提供高品质服务。另一方面，数字经济拓展了服务贸易的市场空间。这既包括云办公、远程教育、远程医疗等各类线上服务，也包括以数据为生产要素和服务内容的虚拟服务。由于全球经济发展的不平衡性以及各国文化生活的差异性，数字技术给世界经济带来的效率提升和对生产生活的改善还有巨大空间。

3. 摩尔定律能永久成立吗？

1965 年，英特尔创始人之一的戈登·摩尔根据经验总结出了一条重要的规律，其核心内容为：集成电路上可以容纳的晶体管数目大约每年便会增加一倍。将硬件的更新迭代换成最通俗的语言，这意味着处理器的性能大约每年翻一倍，同时价格下降为之前的一半。

随着技术进步，1975 年，距离摩尔定律的提出 10 年之后，戈登·摩尔对描述进行了修改，他在提交给国际电信联盟学术年会的论文中指出："集成电路上的元件密度每年增长一倍，这一描述的增长率应该修正为每两年（24 个月）增长一倍。"这便是为人熟知的摩尔定律内容。

时至今日，这条定律已经存续了 60 年之久。每 1—2 年增长一倍，意味着硬件设施性能的发展将呈现指数级别的超高增长率。谁也没承想，如此夸张的增长规律竟能如此经久不衰。英特尔公司曾经披露，单个芯片上的晶体管数目，从 1971 年 4004 处理器上的 2300 个，增长到 1997 年奔腾二代处理器上的 750 万个，26 年内增加了 3200 倍。如果按"每两年翻一番"的预测，26 年中应包括 13 个翻番周期，应该翻 2 的 13 次方倍，也就是 4096 倍，这相当接近实际的比例。[1]2015 年，英特尔公司首席执行官科再奇用处理器的例子再次说明过摩尔定律的效力：当时的英特尔的酷睿 i5 处理器，处理性能是英特尔早期的 4004 处理器的 3500 倍，能效是 9 万倍，成本便宜了 6 万倍，呈现着指数级别的高增长。[2]

这样的增长速度将一直保持下去吗？在"摩尔定律"被提出 50 周年的纪念活动上，摩尔表示这不是一个永恒定律，不会永久有效。但是如果加上良好的半导体技术，他预测这一定律还

---

[1] Neil Cumins, "Intel Processors over the Years by", *Business News Daily*, https://www.businessnewsdaily.com/10817-slideshow-intel-processors-over-the-years.html.

[2] 央广网：《摩尔：摩尔定律还能有效十年》，2015 年，https://jx.cnr.cn/caijing/gdft/20150515/t20150515_518562733.shtml.

能够生效 5—10 年时间。事实上，摩尔自己从未想过定律能持续 10 年以上，但数十年来人们总能不断突破极限。摩尔定律长期有效的根本原因在于人们的创造力，工程师一直想方设法通过制程创新、工艺创新、封装创新和架构创新来延续摩尔定律。努力造就了经久不衰的摩尔定律和持续的技术进步。

摩尔定律没有什么可以保证其持续存在的内在逻辑和发展规律，但是预言常常在自我实现中成真。有人说："有一条关于摩尔定律的定律，那就是预测摩尔定律失效的人数每两年翻一番。"我们可以质疑和挑战摩尔定律的准确性，也深知摩尔定律会有走到尽头的那一天。但我们也都知道，人类突破知识和技术边界的决心永远不会有尽头。

4. 后摩尔时代芯片产业面临什么挑战？

物理的极限和技术的复杂度使得摩尔定律面临失效，后摩尔时代的芯片产业该如何发展？从整体来看，后摩尔时代芯片产业面临以下三个方面的挑战：技术路线、世界格局与时代需求。

采取何种技术路线是后摩尔时代芯片产业面临的核心问题。在摩尔定律下，始终以"更小的芯片和更强的计算能力"为王道，随着芯片工艺不断演进，芯片的微缩工艺一方面已经遇到了物理瓶颈，另一方面技术复杂度已经趋近极限，面临成本过高、开发周期拉长、不良率升高等诸多问题，突破摩尔定律势在必行。但在后摩尔时代应当采取怎样的技术路线仍然未成定局，全球的芯片产业面临着共同的挑战：（1）新材料的挑战。新材料指的是非硅材料，包括碳基材料和石墨烯等未来超前材料，在一定程度上可以突破硅基材料存在的技术瓶颈，但目前全球绝大部分的半导体芯片和器件仍然是用硅片作为基础功能材料生产出来的，因为硅材料的储备量高，应用场景极广，占据超过95%的市场，新材料半导体在寻找应用场景上仍然存在难题，加之制备技术相对复杂，其突破路径仍有待探索。（2）新集成工艺的挑战。缩小晶体管在后摩尔时代变得愈加困难，先进封装如倒装芯片结构的封装、晶圆级封装、2.5D封装、3D封装、系统级芯片封装等，通过在更小的封装面积下容纳更多的引脚数，或者封装整合多种功能芯片于一体，压缩模块体积，从而提升芯片系统整体功能性和灵活性。但先进封装技术仍面临成本高的挑战，此外，以5G为代表的数字技术对终端产品的性能要求不断提高，对先进封装技术的多样性与迭代速度的要求极高。（3）新架构的挑战。传统芯片主要采用的是"存算分离"的冯·诺依曼架构，但由于存在数据搬运过程中的效率损失，算力的提升面临天花板。以"类脑模式""量子计算"为代表的非冯架构具有"存算一体"的特征，适合于后摩尔时代大容量大规模并行计算的场景（如AI深度学习）。但是这两种架构路径都处在实验室阶段，距离商业化应用仍有很长的路要走，并且非冯架构可能并不具有传统冯·诺依曼架构的灵活性，如何集成两者的优势仍然有待探讨。

世界格局的挑战主要体现为逆全球化趋势与新冠疫情带来的不确定性增加，对芯片产业的全球供应链造成挑战。由于芯片产业链的各个环节：材料与装备、芯片设计、芯片制造等均具有高复杂性、高成本的特点，极度依赖全球产业链的分工协作。然而，近年来逆全球化和单边主义抬头，例如，美国外国投资委员会加强对外国投资者交易的国家安全审查，特别是在能源、半导体、高科技等领域；欧盟也于2019年通过外商直接投资审查机制，加大国际投资壁垒。与此同时，新冠疫情对全球产业链存在很大的冲击，新冠疫情使得全球供应链不稳定程度加剧，多国经济尚在恢复之中。对于牵一发而动全身的芯片产业链来说，世界格局的不稳定性带来芯片供应危机加剧。

数字时代的到来对后摩尔时代芯片产业提出了更高的需求挑战。随着数字经济赋能产业的作用逐渐凸显，全社会对数字产业的需求也逐年增加，5G、人工智能、大数据、云计算等数字技术对终端产品在算力方面提出了极高的要求，而芯片作为终端产品的核心，如何进一步提高功能性、灵活性以及迭代的能力，是亟须面对的问题。同时，随着工业互联网、自动驾驶、元宇宙、共享经济等新场景、新产业、新业态不断浮现，推动形成了新产业、新分工、新市场、新模式，同时数字化服务需求增长迅速，要求芯片产业在提高功能性的同时，打造以芯片为基础底座，联结数据库、操作系统的数字基础设施生态，赋能万行万业，成为数字经济的"芯"动能、"芯"引擎。

5. 为什么要加大基础软件根技术研究和培育基础软件生态？

当前，全球科技创新进入空前密集活跃期，在新一轮科技革命和产业变革重构全球创新版图、全球经济结构的大背景下，实现科技自立自强，离不开基础研究的支撑。而在基础研究中，基础软件是重要领域，也是国家信息产业发展和信息化建设的重要基础和支撑。党的二十大报告明确提出，坚持把发展经济的着力点放在实体经济上，推进新型工业化，加快建设制造强国、网络强国、数字中国。而制造强国、网络强国和数字中国的建设均离不开基础软件生态的培育。通过向软件产业链高端进军，打好产业基础高级化、产业链现代化的攻坚战，才能进一步巩固提升我国数字经济产业链健全、产业体系完备优势，增强我国在数字经济时代的发展韧性和应对外部冲击的能力。

基础软件包括操作系统、数据库、中间件、AI 框架等。作为连接硬件平台和应用系统的中间层，基础软件在整个计算产业中扮演着"承上启下"的重要角色。任何平台软件和应用系统的运行均依赖于基础软件，各行业领域系统软硬件的互联互通、性能、安全性均建立在基础软件之上。此外，由于基础软件处于产业链上游，负责研究、制定并控制软件产品的核心技术、体系结构和标准，控制着整个产业的游戏规则。国家或企业如果长期游离于全球软件产业链上游外，将很难形成自主知识产权的软件核心产品和关键技术。因此，基础软件根技术创新与生态培育很大程度上决定了我国计算产业未来的发展空间和潜力。

基础软件产业已成为推动我国经济增长的重要引擎。据测算，2020 年我国基础软件行业的投入产出比为 1∶1.77，即基础软件投资每增加 1 美元，可撬动 GDP 增加 1.77 美元。其中,0.78 个单位为基础软件自身增加值，0.99 个单位为基础软件所带来的其他行业的增加值总和。[1] 基础软件对 GDP 的撬动作用超过了计算机、互联网和相关服务对经济的撬动作用，但与房地产这类重要行业相比，仍然有提升的空间。

基础软件产业的溢出效应显著，生态价值彰显。2020 年，基础软件间接产业增加值占基础软件生态增加值的比重为 55.88%[2]，表明基础软件对其他行业的溢出价值已超过其本身价值。其中，基础软件产业发展对石油、煤炭、电力、电信、金融、公共交通行业有较高的经济溢出价值，这些行业在基础软件方面的投入已取得较好的经济效益，未来应继续加大对基础软件

---

[1]　戎珂等:《基础软件生态发展的溢出价值研究报告》，2023 年，https://www.sss.tsinghua.edu.cn/jichuruanjianshengtaifazhandeyichujiazhiyanjiubaogao.pdf。

[2]　戎珂等:《基础软件生态发展的溢出价值研究报告》，2023 年，https://www.sss.tsinghua.edu.cn/jichuruanjianshengtaifazhandeyichujiazhiyanjiubaogao.pdf。

等数字基础设施的投资。

基础软件产业发展空间巨大，将成为中国经济发展的重要推动力之一。中国基础软件的投入产出效率（1∶1.77）低于美国（1∶4.17），从行业发展的阶段来看还未达到成熟阶段。但在当前投入产出比远不如美国的情况下，中国基础软件生态已经产生了较为明显的经济溢出价值，这表明中国基础软件仍然有很大的发展空间，对中国经济发展具有重要推动作用。

基础软件产业的发展是一个长期积累沉淀的过程。当前，虽然我国在应用软件方面已具有一定优势，但在操作系统、数据库、中间件、AI 框架等基础软件方面长期处于落后地位。政府牵引基础软件生态，在持续补贴的基础上需对各类基础软件根技术项目谨慎筛选、严格把关，引导资金和人才注入真正"有发展潜力、有核心技术、有技术创新、有社会担当"的"四有"优质项目。按照"主体集中、区域集聚"的发展原则，在战略上收敛，集中力量有序引导和规范基础软件产业发展秩序，扶持和资助优质根技术项目，培育根技术人才，为基础软件创新和生态发展创造良好条件。

6.IaaS、PaaS 和 SaaS 分别是什么？

要解释这三个名词，首先要了解什么是云计算。所谓"云"，指的是非本地的资源。云计算就是把许多非本地的计算资源统合成为一个共享池，更高效地提供相应的计算服务。

IaaS、PaaS 和 SaaS 分别对应三种不同的云计算服务模式。三种模式分别面向不同需求，分别是基础设施即服务（Infrastructure as a Service，IaaS）、平台即服务（Platform as a Service，PaaS）以及软件即服务（Software as a Service，SaaS）。IaaS 面向的是一些需要运行企业应用，但不愿承担背后高昂的硬件成本的公司。租用 IaaS 可以省去亲自搭建基础设施的成本，在相应的服务器以及硬件设施上直接部署和管理自己的应用程序即可。PaaS 则节省了更多的资源和时间，直接提供开发平台和可以调用的数据库，既不需要亲自搭建基础设施，也不需要自己搭建一套开发框架。在租用 PaaS 后，公司就可以迅速完成应用的开发，并更轻松地与其他公司在同一个平台上进行协作。SaaS 则是最为接近日常生活的一层，租用 SaaS 服务后，人们不再需要自己进行程序的开发，而是直接使用已经构建好的应用程序即可。SaaS 服务还通常包含对这些程序的维护和管理，因而我们日常使用的大多数平台网页应用都可以算作是 SaaS。

从技术细节来讲，SaaS 给用户提供在云基础架构上运行的云服务提供商的应用程序，让用户可以通过客户端接口或程序接口进行访问。由于程序的供应商一般有自己的一套框架和协议，所以 SaaS 存在较难集成、缺乏控制权限等限制。相比之下，PaaS 就非常容易扩展和集成了，适合开发人员的相互协作。IaaS 要比以上两种更加灵活，但同时也对技术以及设施资源的管理提出了更高的要求。

有人提出了一个形象的类比：企业自己的基础架构就像自己购置一辆汽车。IaaS 就像在租车。当你租车时，你可以选择想要的车，但你自己要会驾驶。PaaS 就像打车。你不必会开车，只需告诉驾驶员你要去的地方。SaaS 就像乘坐公共汽车，巴士已经被分配好了路线，你不能更改，但可以直接与其他乘客共享旅程。

之所以涌现出三种不同的服务模式，是因为市场上对云计算服务的需求大抵可以分为三类。个人缺少基础设施和技术，SaaS往往是最好的选择；一些开发者和企业拥有一定的技术力，选择PaaS 可以直接开始在平台上进行编写和研发，极大减少搭建开发环境所需要的基础设施成本与额外技术人员。一些大公司需要技术的机密性，所以有自己的平台和软件开发系统。对于他们来说，IaaS 是最好的选择，不仅可以减少搭建硬件设施的费用，还能完美扩展，不断将更多非本地的机房利用起来。

不同的业务目标决定了不同的服务选择，但无论选择何种，云计算解决方案的优点无疑都是巨大的。随着云服务市场的蓬勃发展，这些服务模式的成本和价格都有望进一步降低。

7. 云可以提供哪些数字化转型服务？

云计算为数字化经济发展提供了基础资源，具体来说，云计算通过互联网提供计算、存储、网络、操作系统、软件研发、应用程序等资源和服务，并根据用户对各项资源的实际使用量进行收费。云计算通过将分散的计算机资源集中到一起，再根据用户的需求进行灵活分配，能够实现资源的高效利用。基于云计算，用户无须花费大量金额购买 IT 基础设备，可以在任意地点、多种终端通过互联网获得专业服务。同时，通过云计算的高效运算能力，数据收集、处理、分发等各个环节的运算能力得到提高，能够极大限度地提高用户的计算速度，从而加速数字化转型。

在公共服务领域，政务云和城市云已经开始显露头角。政务云由政府部门主导，企业进行建设和提供服务平台，综合性的电子政务服务通过将各级政府部门的资源进行整合，打通"信息孤岛"，实现了政府部门的信息互联和共享，促进了不同政府部门之间的业务协同，提高了政府的公共服务和管理水平。例如，北京市政务云依托太极股份建设运营的云平台，将各政府部门的业务系统部署在北京市政务云平台上，形成了"企业提供服务、政府进行采购"的合作模式；上海市建立了市级云中心，同时 16个区政府分别建设区级云，形成了"1+16"的市、区两级云体系。城市云则是以政务云为核心，面向政府部门和企业，提供高效安全的云计算服务，提升政府治理能力，促进产业发展，推动城市全部领域的数字化转型升级。武汉云是全国第一个城市云，由华为公司和武汉产业投资发展集团共同建设，在 2021 年正式启用，建设了数字经济赋能中心、数字人才培养中心、城市运行管理中心、科技创新孵化中心四大中心，在政府管理、城市治理、公众服务、产业发展和创新、生态与人居环境等方面提供全面的支撑服务，推动新型智慧城市的建设。

在医疗、金融、教育等特定行业，云计算同样提供了精准、安全、高效的服务。在医疗行业，云计算、大数据、物联网等技术与医疗技术相结合，建立了医疗健康服务云平台，构建了包含预约挂号、电子病例、电子处方、线上复诊、医疗影像文件、临床检验文件等的电子健康档案，实现远程问诊、远程监护，扩大了医疗范围，提升了医疗服务水平和效率，降低了医疗开支，较大程度方便了百姓就医。在金融行业，金融云平台实现了银行、保险等金融机构之间的资源互联和共享，提供了计算、处理和运行等云服务，现今生活中经常使用的快捷支付、线上转账、线上购买金融产品便是典型的金融云服务。在教育行业，通过将教育硬件资源虚拟化，向教育机构、老师和学生提供教育平台。慕课平台便是教育云的重要运用，以清华大学推出的学堂在线这一慕课平台为例，很多大学都已在该平台上线了不同类型的课程。

现今我们处于一个数据爆炸性增长的时代，社会对计算的需求大大增加，云计算将持续发力，推动智慧城市的建设与发展。随着数字经济的变革与发展，相信未来云计算会成为像水、电、煤一样重要的基础资源。

8. 为什么要将冷热数据进行分离？

随着数据的不断增长和数据管理需求的日益迫切，冷热数据分离成为许多组织和企业的一种常见做法。冷热数据分离是一种数据管理策略，旨在根据数据的访问频率、重要性和使用模式，将数据分为冷数据和热数据两个类别，并采取不同的存储、备份和管理方法。

冷数据通常指那些访问频率较低、使用时间较长或者已经过时的数据。这些数据可能包括历史记录、旧版文件、过去的交易记录、归档数据等。由于冷数据的访问需求较低，可以将其存储在较廉价的存储介质上，如磁带存储、网络附加存储或云存储的冷存储层。冷数据通常以只读的形式保存，并且需要长期的数据保留和归档，以满足法律、合规或审计等要求。热数据则指那些频繁访问、对组织和业务运营至关重要的数据。这些数据通常包括最新的交易数据、实时监控数据、用户活动日志等。热数据需要快速的访问和响应时间，因此常被存储在高性能的存储介质上，如固态硬盘或内存。对热数据进行实时备份、冗余和高可用性保障是确保业务连续性和数据安全的关键。分离策略可以帮助提高数据访问的效率、降低存储成本，并确保数据的安全性和可靠性。高德纳（Gartner）在报告《优化数据存储成本和性能的关键策略》中指出，大约 80% 的数据属于冷数据，只有 20% 的数据是热数据。同时，国际数据公司（IDC）的报告《全球数据增长补救措施的成本效益》（The Business Value of Data Growth Remedies: The Cost-Effectiveness of Archiving）也指出，冷数据的存储成本往往比热数据低得多。

尽管国内尚没有专门针对冷热数据分离的法律文件，但相关法律法规和行业标准都对企业提出了类似的要求，以保障用户隐私和网络安全。例如，《中华人民共和国网络安全法》第四十二条规定："网络运营者应当采取技术措施和其他必要措施，确保其收集的个人信息安全，防止信息泄露、损毁、丢失。"该条法律明确要求网络运营者对用户个人信息进行保护，包括将冷数据与热数据分开存储；《中华人民共和国个人信息保护法》规定了个人信息的保存和归档要求，以及对敏感数据的分类管理和存储措施；中国国家标准《信息安全技术个人信息安全规范》（GB/T 35273—2020）提出了个人信息的存储、备份和归档要求，包括对不同类别个人信息的保护级别和存储周期的规定。

冷热数据分离将带来三个方面的显著优势：第一，提升数据访问效率。大部分数据很少被访问，而冷数据占据了大多数数据的比例。将冷热数据进行分离，可以将热数据放置在更快速的存储介质上，如固态硬盘，以提高数据的读取和写入速度，从而提高数据访问的效率。第二，降低存储成本。冷数据的存储成本往往比热数据低得多。将冷数据存储在较廉价的存储介质上，如磁带存储，可以显著降低存储成本。这对于组织和企业来说尤为重要，因为数据的不断增长导致存储需求不断增加，而存储成本是一个重要的考量因素。第三，有效保障数据安全性和可靠性。热数据通常是组织和企业日常运营中最活跃和关键的数据，因此需要采取高级别的数据备份和冗余措施，以确保数据的安全性和可靠性。这种备份和冗余策略可以防止数据丢失和损坏，并确保业务的连续性。另外，冷数据虽然访问频率较低，但在法律和合规方面却可能具有重要价值。根据《电子文件管理暂行办法》等相关法律文件，组织和企业需要按照特定的要求对冷数据进行长期保存和归档，以满足法规和合规的要求。冷热数据分离可以帮助组织和企业有效管理冷数据的存储和归档，以确保数据的合规性和法律遵从性。

9. 云的商业模式有哪些?

云的商业模式通常分为公有云、私有云以及混合云，是云计算基础设施建设和消费的基础。

(1) 公有云

公有云是指云计算提供商向公众提供计算资源，公众可以通过互联网连接云并获得服务，是云计算的主要商业模式。云计算提供商通过自己的基础设施向大众提供服务，有时也可以在整个开放的公共网络中提供服务，用户通过互联网使用这些资源，并不拥有云计算资源。公有云的价格十分低廉，甚至有可能免费，且具有高扩展性，这种具有吸引力的服务模式将创造新的业务价值。同时，公有云的核心特征是共享资源服务，公有云平台能够将上游的服务提供商和下游的用户整合起来，实现降本增效，打造新的生态系统。

根据《云计算白皮书（2022年）》，2021年中国公有云市场呈现高速增长态势，规模达到了2181亿元，较2020年增长70.8%，有望继续高歌猛进，成为未来几年中国云计算市场增长的主要动力。[①]在我国公有云市场中，阿里云、华为云、腾讯云、百度云、天翼云、移动云处于领先地位。然而，在公有云下，客户缺乏对云端资源的控制，对数据的安全性有所顾虑，且存在网络性能和匹配问题等隐患，一些敏感行业、大型客户在选择公有云时会慎重考虑。

（2）私有云

私有云是云计算提供商为一个特定用户在其内部单独构建的云计算系统，用户可以独享私有云服务。私有云的核心特征是专有资源，用户拥有云计算的基础设施，可以控制在基础设施上应用程序的部署方式。私有云系统的位置可以安排在企业内部数据中心的防火墙内，也可以安排在企业外部的主机托管场所。私有云对企业传统的数据中心进行了延伸和优化，可以根据企业业务需要定制资

---

① 中国信息通信研究院：《云计算白皮书（2022年）》，http://www.caict.ac.cn/kxyj/qwfb/bps/202207/P020220721643085625934.pdf。

源，提高了存储容量和处理数据的能力，并且具有较高的数据的安全性和服务质量，能够充分运用现有的硬件和软件资源。

根据《云计算白皮书（2022 年）》，2021 年中国私有市场规模突破千亿大关，达 1048 亿元，较 2020 年增长 28.7%，持续稳步增长。[①] 中国私有云市场的主要厂商有华为云、腾讯云、阿里云、优刻得、京东云等。

（3）混合云

混合云是由公有云和私有云组合而成的。在混合云模式下，企业可以将核心的数据存放在私有云中，将非核心的、次要的数据存放在公有云中，可以在享受数据高安全性的同时，获得公有云在低成本和高扩展性的优势。混合云中的云平台都是独立的实体，通过专有技术将不同平台链接起来，从而实现数据的传输和转移。混合云同时拥有私有云和公有云的不同优势，得到了最佳效果，已经越来越受到企业的青睐，是近几年云计算的发展方向。

10. 什么是数字网络基础设施？

数字网络基础设施（Digital Network Infrastructure）是连接

---

① 中国信息通信研究院：《云计算白皮书（2022 年）》，http://www.caict.ac.cn/kxyj/qwfb/bps/202207/P020220721643085625934.pdf。

数字设备和信息系统的物理和虚拟组件，包括硬件设备、软件应用程序、协议、数据存储和处理、云计算服务和网络安全等。数字网络设施具有高速度、高可靠性、高扩展性和可编程性等特点，能够支持实时通信和数据传输，确保数据传输的稳定性和可靠性，能够快速适应不同规模和复杂度的网络需求，可以通过软件编程实现自动化和智能化的管理、运营和维护。

数字网络基础设施的应用场景广泛，包括企业网络、云计算、物联网、科研和教育等领域。数字网络设施可以连接企业内部的设备和信息系统，实现企业内部的数据通信和共享，也是云计算服务的基础，可以连接不同的云计算服务提供商和云端应用程序。数字网络设施还可以连接物联网设备，实现物联网设备之间的数据通信和控制。在科研和教育领域，数字网络设施可以支持研究和教学活动，如高性能计算、大规模数据处理和在线教育等。

数字网络基础设施的发展趋势包括软件定义网络、虚拟化技术、5G 网络和边缘计算等。软件定义网络能够通过软件编程实现网络设备的控制和管理，从而提高网络的灵活性和可编程性。虚拟化技术可以将多个物理网络设备虚拟化为一个虚拟网络设备，从而提高网络资源的利用率和灵活性。5G 网络将提供更高的带宽和更低的延迟，将推动数字网络设施向更高速、更可靠和更智能的方向发展。边缘计算将数据处理和计算推向网络的边缘，从而减少数据传输和延迟，提高网络效率和速度。

11. 5G 网络对数字经济发展
有何重要价值?

《"十四五"数字经济发展规划》指出，数字经济是以数据资源为关键要素，以现代信息网络为主要载体，以信息通信技术融合应用、全要素数字化转型为重要推动力，促进公平与效率更加统一的新经济形态。5G 网络是数字经济发展的重要基础设施，将推进物理世界与数字世界的相互转化、融合。

若将经济对象进行细分，那么物理世界与数字世界是当前技术发展水平下人类生产活动的两个主要世界。并且，在数字技术革命所代表的数字经济时代，物理世界向数字世界迁移以及数字世界对物理世界影响持续深入。网络化是这一变化演进的重要支撑。

基于 5G 网络的物联网、工业互联网将加速物理世界向数字世界迁移映射，推进产业数字化进程。智能互联是数字经济的基本特征，智能对应于人工智能的发展与应用，互联则意指万物互联。万物互联的实现要求信息感知、传输、处理等关键环节的技术突破与融合应用。5G 网络具有大带宽、大连接、低时延的特征，其能满足工业领域低时延、高精度、大容量的数据交互、处理需求，是工业互联网的基石。例如，基于 5G 技术，可以同步接入生产区域自动化物流设备，结合边缘计算和高精定位技术，将实现物流终端控制、运输等流程的自动化。目前，智能巡检模式已成为成熟解决方案，并得到广泛应用。

5G 网络与人工智能的深度结合将推进数字世界大脑向物理世界的渗透。数字化、网络化、智能化是数字经济的特征，也代表了数字经济发展所经历的阶段。在完成物理世界的互联与向数字世界的迁移后，数字经济的最终发展目的为进一步提升生产效率，通过人工智能影响、改变物理世界。在此过程中，5G 网络一方面可以与云计算、区块链等技术深度结合、相互赋能、推进产业数字化的进程；另一方面可以与人工智能技术相结合，在提升 5G 系统效率的同时以 5G 网络为通道，推进数字世界对物理世界的改变。

12. 物联网对数字经济发展有何重要价值？

物联网是以感知技术和网络通信技术为主要手段，实现人、机、物的泛在连接，提供信息感知、信息传输、信息处理等服务的基础设施。随着经济社会数字化转型和智能升级步伐加快，物联网已经成为新型基础设施的重要组成部分，对数字经济发展具有重要作用。

物联网是产业数字化转型的重要支撑。产业数字化转型的本质是以数字技术融合产业全流程，实现全产业链网络覆盖联通，并最终优化全产业流程的过程。在此过程中，人、机、物的互联互通是前提。在5G技术支持下，物联网将能够提供一张低时延、高可靠、广覆盖的新型网络，满足企业、产业链、园区、集群的差异化连接需求，在将物理世界映射至数字世界后，实现产业流程再造。此外，物联网还将搭建跨企业、跨行业、跨地域的产业平台，为虚拟产业园区、集群的构建打下基础。

物联网是数字经济时代数据要素价值释放的重要路径。《"十四五"数字经济发展规划》指出，数据要素是数字经济深化发展的核心引擎。学界与业界均认为，数据已成为数字经济时代的关键生产要素。我国市场空间广阔，具有丰富应用场景，若能充分发掘，将形成海量数据，成为我国新时期的比较优势。当前，基于消费互联网的数据体系已基本形成，基于生产端的工业互联网数据尚有待开发。通过物联网进行全要素、全产业链的全面连接，将不仅破除数据孤岛问题，实现数据的全面互联与有效利用，同时还能充分捕捉大量生产过程与使用场景中的数据。在海量工业数据的基础上，研发设计、生产制造、采购销售等将得到全方位赋能，时空限制将被打破，数据要素将与其他生产要素结合，进一步推动经济发展。

物联网还将通过促进数字技术迭代升级来促进数字产业化发展。以应用为牵引，以数据为推动力，以云计算、人工智能、区块链等为代表的数字技术在不同场景中实现不断迭代升级，并助推数字产业化规模扩张。

13. 智慧基础设施对数字经济发展
有何重要价值?

智慧基础设施包括与智能相关的基础软件设施和基础硬件设施。在数字经济发展的过程中,智慧基础设施发挥着关键作用。

从宏观经济的角度看,智慧基础设施,包括基础软件和基础硬件,对数字经济的发展具有显著的推动作用。智慧基础设施是以数据为核心生产要素的数字经济增长的重要基石和动力来源。以基础软件为例,根据许宪春和张美慧(2020)对数字经济规模测算的研究,2021 年基础软件对数字经济其他相关行业的渗透增加值达到 1424.8 亿元,占数字经济总增加值规模的 1%。每投入 1 个单位基础软件产业,平均将带来 0.74 个单位的数字经济增加值。[①] 这表明基础软件对宏观经济的溢出效应显著,成为推动国家经济增长的重要力量。具体来看,根据《基础软件生态发展的溢出价值研究报告》预测,2022 年基础软件产业的渗透产业增加值规模占总产业增加值的比重高达 77.91%。每投入 1 个单位基础软件产业,将平均带来 1.85 个单位的 GDP 增长。[②] 对

[①] 许宪春、张美慧:《中国数字经济规模测算研究——基于国际比较的视角》,《中国工业经济》2020 年第 5 期。

[②] 戎珂等:《基础软件生态发展的溢出价值研究报告》,2023 年,https://www.sss.tsinghua.edu.cn/jichuruanjianshengtaifazhandeyichujiazhiyanjiubaogao.pdf。

于基础硬件设施而言，基础硬件是数字经济发展的关键支柱，它为各类数字应用提供了必要的物理基础和技术平台。数字技术的存储、处理以及算法的不断优化离不开基础硬件的效能的提升，同时在构建基础设施硬件的过程中，大量的工程、设计相关工作也为大量的劳动力提供就业岗位，培育具有更高素质的劳动力进而促进产业不断升级，沿着技术进步路径促使宏观经济不断增长。

从产业的视角来看，智慧基础设施对数字经济相关产业以及其他产业均产生不同程度的价值溢出。首先，对于数字经济相关的信息和通信技术（Information and Commonication Techology，ICT）等产业，智慧基础设施是 ICT 产业生产、创新的基石，对 ICT 服务业的增长和就业均有显著拉动作用。并且随着时间的推移，智慧基础设施的不断发展将增强对数字经济相关产业的拉动效应，智慧基础设施为 ICT 等数字相关产业赋能，推动产业升级和经济增长。其次，对于产业外的溢出价值，第一，基础软件生态对劳动密集型行业的溢出价值更显著，主要机制表现为降本提质增效。在制造业的典型行业中，纺织业、橡胶和塑料制品业在基础软件行业的溢出作用下，行业产值提高，而营业成本和就业人数下降，标志着这两个行业的效率得到提高。第二，智慧基础设施对资源密集型行业和生活性服务业的溢出价值显著，而对生产性服务业的溢出不明显。对于金融业这一典型的生产性服务业，基础设施行业投入的增加会带来其人力成本支出的降低，具体表现为金融业中线上业务对线下业务的替代。而对于典型的生活性服务业卫生和社会行业及教育业，由于投入的增加所带来的线上业务的增加，激活了城乡居民相关需求，而这些需求需要线下服务的配合，因而带动了就业增加。总结来看，基础设施投入有利于制造业的发展，表现为促进制造业数智化转型，起到提质降本增效的作用。但这种溢出价值也存在行业异质性特征。具体而言，对劳动密集型行业、资源密集型行业及生活性服务业的溢出价值较大，而对生产性服务业溢出价值不明显。

从未来的预测来看，数字经济将在经济中占据越来越重要的地位，数据要素将渗透到各个行业和领域，推动生产和创新。这种趋势将促使经济体对智慧基础设施的需求不断上升，以便更好地支持和驱动数字经济的发展。首先，随着数据要素在生产和创新过程中的不断参与，企业和组织将更加依赖数据驱动的决策和优化。智慧基础设施，如大数据中心、高速网络、物联网设备等，将在这一过程中发挥关键作用，支持企业和组织实现更高效、灵活和智能的运营。这将进一步推动经济体对智慧基础设施的需求，为各行各业提供更加稳定和快速的基础设施支持。其次，随着需求的不断增长，政府和企业将纷纷加大对智慧基础设施的研发投入和投资。这将推动相关技术的快速发展，如云计算、边缘计算、5G通信等，进一步提升智慧基础设施的性能和效能。再次，创新型企业和创业公司也将在这一领域涌现，推动智慧基础设施领域的创新和竞争，为数字经济发展注入更多活力。最后，智慧基础设施的发展将为数字经济的赋能提供有力支持。数据和技术的融合将带来全新的商业模式和产业革新，如共享经济、数字货币、智能物流等。这些创新将推动全球经济的高质量发展，带来更多的就业机会，提高人们的生活水平。

综上所述，智慧基础设施在数字经济发展过程中具有重要价值。基础软件和硬件设施的发展为数字经济提供了强大的支撑，带动了整个宏观经济的增长。这些投资不仅带来了直接的经济收益，还推动了相关行业的发展，创造了更广泛的社会效应。因此，加大对智慧基础设施投资和发展的支持，对于推动数字经济的持续繁荣具有重要意义。

14. 硬软云网的国产化替代 如何突破产用峡谷?

互联网技术的发展推动了第三次工业革命，开启了数字经济时代。在这几十年的发展中，数字经济生态逐渐形成，呈现出由下而上、层层递进的技术生态、平台生态、应用生态三层生态。其中，技术生态在底层起到支撑作用，而平台生态和应用生态均是市场化应用层面。

然而，由于数字技术的后发劣势，在互联网经济蓬勃发展的21世纪，我国数字经济的电子商务、网络社交等消费端和金融、交通、医疗等生产端往往采用信息技术先发国家的技术产品，如英特尔（Intel）处理器、甲骨文（Oracle）数据库等，而国内的华为鲲鹏芯片、麒麟操作系统、东方通中间件、达梦数据库等生态仍不繁荣；对国内的企业而言，放弃"好用且常用"的国外产品并不划算：一方面，国外产品历经数十年的更新迭代，性能好、服务全、功能强大；另一方面，国外产品的长期垄断，对国产替代品的"兼容性"提出挑战。因此，我国长期存在数字基础设施——数字硬件（芯片）、数字软件（操作系统、数据库等基础软件）、数字云（云计算）、数字网络（物联网、5G移动通信网等）、通用大模型（大语言模型）的产用峡谷，国产数字技术设施——尤其是芯片、基础软件——难以在市场中推广，从技术生态到平台生态、应用生态的跳跃障碍重重。①

如今，美国对中国的打压在给国产数字基础设施以紧迫挑战的同时，也在客观上为自己制造信任危机、为国产化替代带来机遇。

2018年4月16日，美国向中兴通讯发出出口权限禁止

---

① 产用峡谷是指相关核心技术从研发制造到市场化应用的过程中，由于产业链协作、利益掣肘、决策担当等形成的阻碍，参见赛迪智库，https://mp.weixin.qq.com/s/SO6RDXRW-8wFqru84cDCsQ。

令①；2019 年 5 月 16 日，美国商务部禁止美国企业向华为及其
70 家附属公司出售相关技术；2020 年 5 月、8 月，美国分别颁
布条例，严格限制华为用美国软件和技术在美国境外设计、制
造半导体，禁止任何美国软件或美国制造设备未经许可为华为
生产产品。② 美国对中国芯片行业步步紧逼，中国"买入"和
"自造"芯片都屡屡碰壁。美国对中国数字基础设施的威胁为
国内企业敲响警钟——如果没有美国的技术，国产化替代势在
必行。

　　抓住美国主导的第一生态在国内的"空窗期"，我国政府护
航、企业掌舵，构建自主可控、多元开放的数字基础设施第二生
态，是突破产用峡谷的重要方式。根据数字生态的不同层次，对
症下药：（1）在技术生态层面，在核心技术上坚持自主可控，在
技术生态上坚持开放共赢，国家出台国产化替代与补贴政策支持
国产技术产品的市场化推广，保护华为等国内企业之间形成生态
伙伴互助关系，亮出"芯片 + 数据库 + 基础软件"组合拳。同
时，引导国产技术产品与俄罗斯、欧洲等也正在尝试建立第二生
态的国家和地区合作兼容，共同进步。（2）在平台生态和应用生
态层面，强化消费领域的移动互联，基于技术生态积极搭建新的

---

① 新华社：《做强"中国制造"破解"缺芯"之痛——聚焦中兴"禁售令"三大热点》，
　2018 年，http://www.gov.cn/xinwen/2018-04/21/content_5284637.htm。
② 中国新闻网：《华为芯片断供或许将是整个中国芯片产业涅槃的开端》，2020 年，
　https://www.chinanews.com.cn/gn/2020/09-16/9291973.shtml。

或者迁移旧的平台生态，鼓励海尔、三一重工等国内工业企业打造生产端互联网平台；同时推动数字生态出海，借由"一带一路"伙伴关系等国际合作平台，推动国内生态的应用推广和更新迭代。最终推动国内技术基础支撑应用层、应用层反哺技术基础的局面。①

15. 什么是通用大模型基础设施？

通用大模型基础设施是指那些能够提供最基础、最底层的人工智能能力的模型，它们在多个行业和场景中都具有广泛的通用性。通用大模型具有多种基础的核心 AI 能力，包括自然语言理解、图像识别、语音识别和处理等，可以类比为一个人的基础五感，提供了大模型产业发展的基础构建模块，这种底层通用能力为进一步在各行各业的应用提供了坚实的基础。

通用大模型往往对算力、算法、数据都具有很高的要求。通用大模型的性能通常受到大规模数据集的训练和精细调整的影响，它们需要从广泛且海量的数据中学习，提炼出通用能力。并且，通用大模型往往需要不断地迭代和升级，以适应不断变化的需求和技术进展。以 GPT 大语言模型为例，GPT 一直在不断进化，首先，在参数规模上，GPT3.0 有 1750 亿个参

---

① 戎珂、施新伟、周迪：《如何建立计算产业第二创新生态？》，《科学学研究》2021 年第 6 期。

数，而 GPT4.0 则拥有超 100 万亿个参数；其次，在模型能力上，GPT3.5 主要提供文本理解、文本生成、逻辑推理等能力，但只能接受文本作为输入，并输出文本，而 GPT4.0 进化成了一个多模（Multimodal）模型，即它可以接受图像信息，可以处理更复杂且具有视觉信息的任务，如图像描述、图像问答、图像转文本等能力。通用大模型大大降低了许多企业、开发团队和个人采用人工智能的难度，他们不再需要从零开始构建一个大模型，这大大节省了时间和资源，并使更多的组织能够基于通用大模型的能力应用到细分领域，以加速创新和解决问题。

国内通用大模型的发展也如火如荼。百度、腾讯、华为、阿里纷纷推出通用大模型体系。比如百度的文心大模型体系中包括自然语言处理大模型、机器视觉大模型和跨模态大模型等多种类基础性的通用大模型，提供了全面的通用能力。阿里巴巴的"通义"大模型体系中，作为底座的通用大模型 M6—OFA 模型具备处理多种任务的通用能力，囊括了针对图像、文本、语音、动作等多种跨模态任务。2023 年 9 月，腾讯在 2023 腾讯全球数字生态大会上发布了"混元"大模型，协同了腾讯预训练研发力量，完整覆盖自然语言处理大模型、机器视觉大模型、多模态大模型。华为也发布了"盘古大模型"，包括五个基础大模型：自然语言大模型、视觉大模型、多模态大模型、预测大模型和科学计算大模型，能力覆盖了对话问答、文案生成、图像生成、图像理解、科学计算等。其他通用大模型还包括粤港澳大湾区数字经济研究院推出的姜子牙（Ziya）通用大模型、科大讯飞的星火大模型等。从这些案例中可以看到，通用大模型成为目前主流大模型体系中不可或缺的一个层次。

16. 通用大模型的产业创新生态结构是什么？

通用大模型的产业创新生态结构旨在实现 AI 与数字的深度融合，其构建生态层次可分为：L1 数字基础设施层、L2 通用大模型层、L3 行业模型层、L4 场景模型层（见图 1—2）。

在 L1 数字基础设施层，数字基础设施是大模型发展的基

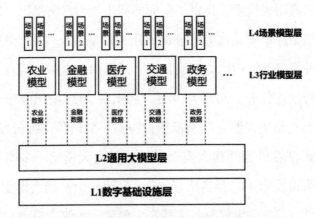

图 1—2　大模型赋能数实融合的创新生态的架构

图片来源：戎珂、康正瑶、罗怡宁：《大模型赋能万行万业：生态型商业模式》，《中国社会科学评价》2023 年第 4 期。

石和底座，包括硬软云网等主要组成部分，提供支持大模型训练所需的高算力、专业软件工具和云计算资源。数字网络设施如 5G 技术的发展进一步改善了移动应用中大模型的性能，确保了数据传输和模型推理的高效性。L2 通用大模型层是能够提供最基础、最底层人工智能能力的模型，具备广泛通用性，包括自然语言理解、图像识别、语音识别等核心 AI 能力，为大模型产业提供基础构建模块，为各行业应用提供坚实基础。L3 行业模型层在通用大模型基础上进一步演进，通过融合各行业的数据和特征构建更专业、定制的大模型，以满足特定行业需求。行业模型以行业数据驱动、行业特征融合和面向行业需求为特点，需要企业参与提供特定数据、知识和需求。L4 场景模型层是各行业大模型的细分化，专注于解决特定场景或问题的需求，结合特定数据和专业算法构建。场景模型通过问题定制、数据特定和算法专业来提供更具体的解决方案，满足特定场景的需求。这四个生态层次构建了大模型产业生态，每个层次都不可或缺。

国际上，美国和中国是大模型领域的领先者，发布数量分别为 114 个和 130 个。然而，我国大模型生态发展整体多而不强，依赖国外的理论架构、算法和技术路径。在 L1 层和 L2 层，美国提出了主流技术架构，而国内主要依赖国外开源大模型进行训练和微调。在 L3 层和 L4 层，国外企业以应用程序编程接口或相关插件方式调用主流企业的大模型，形成了以谷歌、微软、脸谱网为核心的生态体系，而国内各行业则竞相探索大模型的机遇。未来我国大模型产业生态的建设需在 L1 和 L2 层实现创新突破，在 L3 和 L4 层发挥我国产业优势，促进大模型在各行业的广泛应用。

17. 什么是生成式人工智能？

生成式人工智能是一种功能强大的人工智能，可以通过学习数据模式、使用受人脑启发的复杂算法和学习方法来创建新的原创内容。[①] 虽然生成式人工智能目前仍集中于文本、计算机编程、图像和声音的生成[②]，但这项技术可以应用于药物设计、建筑和工程等一系列领域。例如，生成针对特定病症的候选药物分子、创建假想建筑图片或生成室内设计。美国国家航空航天局（NASA）的工程师目前正致力于开发能够制造轻型航天仪器的人工智能系统，从而将开发时间缩短 10 倍，同时提高结构性能。生成式人工智能技术甚至可能影响食品工业和日常用品（从家具到电器）的设计。在科学研究中，生成模型可以通过改进实验设计、识别数据元素之间

---

① Top 10 Emerging Technologies of 2023, https://www3.weforum.org/docs/WEF_Top_10_Emerging_Technologies_of_2023.pdf.

② Gozalo-Brizuela, Roberto and Eduardo Garrido-Merchan, "ChatGPT is Not All You Need. A State of the Art Review of Large Generative AI Models", *Cornell University arXiv*, 2023, https://arxiv.org/abs/2301.04655.

的关系和创建新理论来促进突破。例如，最近开发的人工智能算法可以将数学公式翻译成通俗易懂的英语，或者分析大脑活动数据，生成人类参与者心目中物体的图画。在日常工作中，使用基于人工智能的语言模型，例如最近流行的 Chat-GPT，可以提高生产率和产出质量，将人类的任务调整为创意生成和编辑，而不是粗略起草。人工智能生成技术特别有利于低能力工人，并能提高工作满意度和自我效能感。鉴于采用这些新技术有可能提高生产率，因此必须认识到工作岗位被取代的可能性。因此，支持工人努力提高技能和重新掌握技能的政策和计划，对于确保广泛分享技术创新带来的好处，以及确保工人掌握在不断变化的就业市场中茁壮成长所需的技能至关重要。

生成式人工智能在其发展过程中也面临着多个挑战。首先，模型可能反映和放大训练数据中的偏见和歧视，导致不公平或有偏见的结果。其次，生成式模型通常被认为是黑盒模型，缺乏透明度和解释性，难以理解其决策过程。知识产权和数据隐私问题涉及对版权保护信息的使用，同时也引发了对数据隐私和保护的担忧。此外，生成式人工智能技术有可能被滥用，用于制造虚假信息、深度伪造和其他恶意用途，可能导致社会和政治问题。

18. 如何治理生成式人工智能?

为促进生成式人工智能技术健康发展和规范应用,国家网信办联合国家发展改革委等七部门于 2023 年 7 月 10 日颁布了《生成式人工智能服务管理暂行办法》。该办法明确了治理生成式人工智能的方法,并从法律基础、技术发展与治理、服务规范、监督检查和法律责任等多个方面提出了一系列治理方法。① 例如,在技术发展方面,鼓励生成式人工智能技术创新发展,构建应用生态体系,并支持国际交流与合作。在服务规范方面,强调遵守法律、尊重社会公德,不得生成违法内容,并要求在技术开发过程中采取措施防止歧视。监督检查和法律责任方面,各部门加强管理,生成式人工智能服务提供者应配合监督检查,对违法行为进行处理。

此外,由于生成式人工智能系统代表了他们接受训练的数据以及当时管理社会的惯例。应注意减轻基于训练数据的人工智能偏见,重点是纳入"异常值"数据和新颖的社会习俗。此外,应用程序的决策过程应易于理解,应用程序的目标应向运营商和最终用户明确披露,并且尊重个人隐私。必须制定道德准则和治理结构,以减轻潜在危害并确保技术进步与负责任的使用相平衡。最后,必须解决版权归属问题,以便人工智能设

---

① 《生成式人工智能服务管理暂行办法》,2023 年 7 月 10 日,https://www.gov.cn/zhengce/zhengceku/202307/content_6891752.htm。

计师、训练数据的创建者和应用程序使用说明的作者得到适当的认可。有了正确的控制，生成式人工智能可以提供更多的时间来发挥创造力，展示知识边界，并充当打破传统思维的陪练伙伴。

19. 人工智能的发展经历了哪些阶段？

人工智能的发展历史可以追溯到 20 世纪 50 年代初。经过 60 多年的发展，人工智能经历了两次寒冬，但自深度学习、强化学习以及生成式人工智能如 ChatGPT 的问世以来，再次引起广泛关注。人工智能的发展可分为三个阶段：第一阶段是起步阶段（1950—1960 年）。"人工智能"的概念起源于 1956 年的达特茅斯会议。早期研究主要集中在机器定理证明、推理和搜索算法上，同时符号逻辑和感知器算法为人工智能的发展提供了理论基础。第二阶段是发展阶段（1960—2000 年）。这个阶段的"人工智能"经历了两次寒冬，分别在 1960—1970 年和 1990—1991 年。第一次寒冬由于符号逻辑方法难以处理不确定性和模糊性问题，开发出来的系统难以适应快速变化的环境，且处理问题的效率不高，无法应对复杂问题，从而导致该时期的人工智能发展乏力。第二次寒冬则受制于计算能力和神经网络算法的限制。1970—1980 年，人工智能的研究处于发展时期，一方面，基于符号主义方法开发的 XCON 专家系统取得了成功，给市场带来了信心。

另一方面，联结主义方法的盛行，开辟了人工智能的又一发展道路。第三阶段是爆发阶段（2000年至今），随着计算机算力提升、数据积累和统计学习、深度学习、强化学习等方法的成熟，人工智能得以迅猛发展。2006年提出的"深度学习"为技术理论奠定了基础，2016年阿尔法围棋（AlphaGo）的胜利展示了深度学习和强化学习在复杂任务中的潜力。如今，生成式人工智能如ChatGPT的问世标志着人工智能新时代的到来。

ChatGPT是基于GPT3.0架构的人工智能大语言模型，通过多层变换器实现了在互联网场域中的人工智能内容生成，包括代码生成、文本问答等任务。其本质是通过强化学习训练的聊天机器人程序，代表了自然语言处理技术的巅峰。从1950年起，人工智能专家致力于聊天机器人的研发，经历了基于规则和模板匹配的有限交互能力时期，到如今利用深度学习和神经网络等技术模型的大规模预训练语言模型的时代。在整个发展历程中，自然语言处理技术的进步、机器学习算法的演进以及神经网络的发展都是推动人工智能前进的关键因素。从"序列到序列"（Seq2Seq）模型 ① 到Transformer模型，再到GPT系列的演进，每一步都为人工智能的发展开辟了新的道路。在这个不断演进的过程中，人工智能逐渐实现了更复杂、更智能的任务处理，为科技领域带来了前所未有的变革。

---

① Sutskever, I., Vinyals, O., Le, Q. V. , "Sequence to Sequence Learning with Neural Networks", *Advances in Neural Information Processing Systems*, 2014,27.

20. 如何理解生成式人工智能 与通用大模型的关系？

生成式人工智能与通用大模型相互交叉，通用大模型在其内部可能包含了生成式的组件，从而在多个任务上展现出生成式的能力。随着 ChatGPT 的问世和在全球范围的爆火，大模型正在逐渐成为引领技术和产业革命的新兴力量。大模型（Large Model），又称为基础模型（Foundation Model）或通用模型（General Model），属于一种相对较大的人工智能预训练模型。这些大模型采用迁移学习的方法，首先在大规模的公开数据集上进行训练，利用深度神经网络构建出人工智能模型，随后这些预训练模型可被迁移到目标场景进行微调，并实现应用创造价值。

大模型标志着人工智能发展的一个新阶段。迁移学习作为与大模型相关的关键概念之一，引领了人工智能的新浪潮。2017年，Transformer 模型的提出彻底改变了自然语言处理领域的范式。[1]BERT 和 GPT 等模型在自然语言处理领域的卓越表现便是迁移学习的杰出示范。虽然 BERT 模型在 2018 年就已推出，模

---

① Vaswani A., Shazeer N., Parmar N., et al., "Attention is All You Need," Proceedings of the 31st International Conference on Neural Information Processing Systems, 2017, pp.5998–6008.

型参数量达到 3 亿，但这种模型并未像 GPT 一样大获成功，这涉及算据的重要性。BERT 模型采用的是自监督预训练的模式，而 GPT 大模型是基于人类反馈的强化学习技术，海量的训练数据为 GPT 的成功奠定了基础。

目前，以 GPT 系模型为代表的大语言模型（Large Language Model，LLM）是现有大模型的主要组成部分。大规模图像数据集的出现也为图像预训练大模型提供了数据基础。各类大模型的涌现已经改变了文本、图像和音频内容的生成方式，人工智能生成内容（Artificial Intelligence Generated Content，AIGC）引起了广泛关注，展示了大模型在应用领域的巨大潜力。

21. 我国为何要实施"东数西算"工程?

"东数西算"工程是中国政府提出的一项战略性计划，旨在推动全国数据资源的整合和共享，促进数字经济发展。2021 年 5 月印发的《全国一体化大数据中心协同创新体系算力枢纽实施方案》明确了"东数西算"工程的总体要求、重点任务和实施路径。其中包括建设全国一体化的数据资源管理和服务体系、推动数据中心和算力中心的布局、加强数据安全保障、推动技术创新和应用推广等。2022 年 2 月 17 日，京津冀、长三角、粤港澳大湾区、成渝、内蒙古、贵州、甘肃、宁夏 8 个地区启动国家算力枢纽节点建设工作，10 个国家级数据中心聚集区也在筹备规划中，"东数西算"工程正式全面启动。

数字时代正在召唤一张高效率的"算力网"。"东数西算"把东部密集的算力需求有序引导到西部，使数据要素跨域流动。打通"数"动脉，织就全国算力一张网，既缓解了东部能源紧张的问题，也给西部开辟一条发展新路。中国实施"东数西算"工程的目的是促进数字经济发展、推动信息化和工业化深度融合、提高国家安全能力。通过整合和共享数据资源和计算资源，提高全国数据处理能力和效率，推动数字经济的发展，同时也促进了传统产业向数字化、网络化、智能化方向转型升级。此外，该计划还可以提高国家安全能力，建立全国一体化的数据资源管理和服务体系，加强数据安全保障，防范网络攻击和数据泄露等安全风险。通过建设安全可靠的数据中心和算力中心，提高国家信息安全防护能力，保障国家信息化建设和数字化转型的顺利进行。

中国实施"东数西算"工程的具体措施包括：第一，建立全国一体化的数据资源管理和服务体系。中国政府将通过建立全国一体化的数据资源管理和服务体系，实现数据资源的共享和整合，提高数据利用效率，促进数字经济的发展。第二，推动数据中心和算力中心的布局。中国政府提出了"东数西算"工程，将东部沿海地区的数据中心和西部地区的算力中心进行有机结合，实现数据和计算资源的优化配置，提高全国数据处理能力和效率。第三，加强数据安全保障。中国政府要求数据中心和算力中心必须具备高可靠性、高安全性和高可扩展性，同时要加强数据安全保护，防范网络攻击和数据泄露等安全风险。第四，推动技术创新和应用推广。中国政府将鼓励企业和机构在数据资源共享、技术研发和应用推广等方面的创新，推动数字经济的发展和应用场景的拓展。第五，促进国际合作与交流。中国政府将积极推动国内外企业和机构在数据资源共享、技术研发和应用推广等方面的合作与交流，为全球数字经济的发展作出贡献。中国实施"东数西算"工程的具体措施是多方面的，这些措施相互关联、相互促进，共同推动中国数字经济的发展和社会进步。

"东数西算"战略的实施取得了显著的成效。在数据中心数量方面，截至 2022 年底，我国数据中心框架总规模超过 650 万标准机架近 5 年年均增速超过 30%。[①] 这些数据中心为数字经济的发展提供了重要的基础设施支撑，同时也为云计算、大数据等领域的应用提供了充足的算力支持。在企业使用方面，"东数西算"战略也为企业提供了更多的选择和服务。随着数据中心和算力的不断提升，越来越多的企业开始将自己的业务迁移到西部地区进行运营。例如，阿里巴巴集团旗下的阿里云就在西部地区建设了大量的数据中心和服务器，以满足企业的云服务需求。此外，华为、腾讯、百度等知名企业也在西部地区布局了自己的数

---

① 国家互联网信息办公室：《数字中国发展报告（2022 年）》，http://www.cac.gov.cn/2023-05/22/c-1686402318492248.htm。

据中心和算力中心。在国际影响力方面，"东数西算"战略为中国在全球数字经济领域的竞争中赢得了更多的机会和优势。通过加强数字基础设施建设、推动技术创新和应用推广等措施，中国已经成为全球数字经济的重要参与者和领导者之一。例如，中国已经在人工智能、大数据等领域取得了重大进展，成为全球领先的数字技术大国之一。

22. 如何推进数字政府建设?

加快数字政府建设是数字经济发展和数字社会建设的必然要求，是政府转变职能、提升履职能力的迫切需要，也是建立数字中国和创新强国的重要一环，有助于推动建设法治廉洁、便民高效的服务型政府，推动国家治理体系和治理能力现代化。

（一）协同高效，提升政府数字化履职能力

数字经济时代对政府自身建设提出了新要求和新愿景：全面推动政府转变职能，加快数字化转型，创新行政管理体系，提升综合治理水平和履职能力，建设协同高效的数字政府。

对于行政决策，政府应当利用数字技术辅助科学决策。首先，海量数据汇集能够使政府掌握更多信息，基于不同视角思考问题和发现可能。其次，数字技术能够帮助政府方便高效地整合

清洗和分析处理数据，将杂乱无章的数据变成可供参考的依据，拓展了统计分析、动态监测、发展预测等多重应用场景，提升了政府科学决策、依法决策的能力。

对于行政执行，政府应当借助数字技术提升执行能力。数字技术可以被应用在内部办公、事务管理等行政执行过程中，有助于创新行政思维和执行方式，打通更加便捷快速的执行渠道，推动办公数字化、一体化发展，提高政府行政执行的效率和水平。

对于行政监督，政府应当通过数字平台自觉接受监督。一方面，数字化办公保存了政府从决策形成到落地执行的全流程信息，使得社会各界参与监督的方式更加便捷，有助于让权力在阳光下运行。另一方面，借助数字平台，政府可以更方便地披露相关行政信息，通过在新媒体平台开通官方政务号等方式，创新政务公开的方式和渠道，丰富政务公开的内容，疏通舆情交流渠道，回应民众关切。

（二）开放共享，加强政府数据一体化建设

数字平台为政府机关之间的协作交流提供了更便利的渠道和更广泛的可能。一方面，应当拓展政府机关交流合作的广度，推动不同政府部门的数据开放共享，加快构建科学合理、协同高效、安全开放的全国一体化政务大数据体系，提升政府行政效率和管理水平。另一方面，应当拓展政府机关交流合作的深度，优

化完善各类数据库，实现数据跨部门、跨区域的共享共用共赢，最大程度发挥数据要素在行政管理中的价值，积极提升服务水平和履职能力。

（三）惠企便民，完善政府数字化服务体系

政府应当充分利用数字平台改进和强化公共服务和社会管理能力，为群众和企业提供更加便捷优质的社会服务，建设法治型、廉洁型、服务型政府。

对于群众，政府应当构建和完善便利高效的服务体系。政务服务线上线下多渠道开展，标准统一，全时在线，渠道多元。不同服务和同一服务全流程实现一体化建设，民众可以在最快时间内完成业务办理，不需要东奔西跑。面对老年人、残疾人等特殊群体，政府应当推动政府服务普惠化、兜底化，加快建设无障碍服务通道，为所有民众提供优质便捷服务。

对于企业，政府应当优化营商环境。从政府出发，应当充分利用数字技术在监测预警、经济分析、宏观调控等方面的作用，在市场发挥决定性作用的基础上科学审慎调控，提升经济调节和市场监管能力。从企业出发，应当减轻企业负担，建设企业各项业务报备审批的线上线下多元渠道，各项优惠扶持政策精准推送，构建政府与企业更加通畅清朗的交流渠道，激发企业创新动力和经济发展活力。

23."数字城市"和"智慧城市"有什么区别?

数字城市是指将现实中的城市数字化,通过数字技术,将城市的地理、基础设施、资源、经济等城市所包含的所有信息都以数据的形式存储在一个虚拟平台上。通过将城市的地理位置、空间信息与城市的其他信息相结合,整合各方面的资源,在计算机网络里形成一个虚拟的城市空间。基于数字城市中的大量数据,经过分析可以对城市的规划、建设、管理等决策提供建议,优化城市系统,降低成本,提高城市的管理效率和政府的服务水平,从而实现城市发展的可持续化。

智慧城市是信息时代、知识社会创新(创新2.0)下的新型城市形态。智慧城市的目的是通过物联网、云计算等现代信息技术,通过将城市的建设、教育、医疗、交通、安全、公共服务等各项信息结合,使各部门之间更加互联,能够高效利用资源,减少环境破坏,提高生活质量,促进创新,使城市生活更加高效和智能,实现可持续的城市竞争力。智慧城市通过传感技术和智能化系统,能够对城市的空间、环境、位置等信息进行实时、自动、全面的感知和检测,对感知的数据进行整合分析,智能化地作出反应,使城市各个部分实现和谐、高效的运转。此外,智慧城市注重以人为本,关注城市居民的需求,并通过微博等加深城市居民的参与,从而推动以人为本、可持续的创新,建立独特的公共服务价值。

数字城市与智慧城市的概念并不等同,数字城市是智慧城市的重要组成部分,是智慧城市在数字技术方面的初级形态。具体来说,数字城市与智慧城市之间的区别有以下几点。

第一,数字城市只是简单地将城市的各项信息数字化,建立了一个虚拟的城市,而智慧城市则在此基础上强调通过传感技术和智能技术对城市的各项信息进行及时透彻的感知并作出相应决策。

第二,数字城市可以将城市的各方面信息连接起来,实现数据互通,然而,人与技术、城市与技术、人与城市之间的关系并不统一,数字化的城市并不一定能带来城市更高效的运转和更人性化的管理。而智慧城市则是在城市数字化的基础上,将城市的各方面公共服务资源连接起来,强调人、技术、城市之间随时随地的互联和智能融合,构建了开放、协同的城市信息架构,从城市整体智能化地提出解决方案,更智能地在各方面服务城市居民,更人性化地进行城市管理。

第三,数字城市的核心是信息技术,通过对城市各项数据进行收集、整合与分析,从而提高城市运转效率。智慧城市的核心并不是信息技术,而是强调人的主体地位,关注城市居民的感知和体验,从城市居民的需求出发,注重城市居民的参与,提供智能化、人性化的服务和管理,通过现代技术建设更加高效、和谐的城市，使城市表现出持续的创新力，以人为本实现城市的可持续发展。

24. 政府在数字基础设施建设上应该扮演什么角色？

2023 年 2 月 27 日，中共中央、国务院印发《数字中国建设整体布局规划》，指出要加强地方网络安全和信息委员会作用，健全统筹协调机制，将数字化摆在本地区工作任务的突出位置，将数字中国的建设情况纳入到有关领导干部考核内容当中。当地政府应当大力发展数字化，建设数字基础设施，发展数字产业。

数字基础设施是以存储、传输、计算、处理为一体的，涵盖"双千兆"网络等新一代的通信设施、数据中心、智能计算中心、超算中心、工业互联网等融合设施的新型基础设施。作为一项战略性前瞻性的重大工程，数字基础设施是推进数字中国全面建设的基石和关键抓手之一。地方政府应当把住定力，系统谋划，夯实责任，协同推进，把工作落到实处细处。

数字基础设施是推动数字经济发展的基石，政府在数字基础设施的建设中主要起到了全面统筹规划、创新投资模式、加强风险管控、结合需求与发展等作用。

政府需要对数字基础设施建设进行全面统筹规划。新型数字基础设施建设涵盖的业务面十分广泛，牵涉的主体十分繁杂，涉及的领域十分巨大，这就需要政府系统性、整体性地统一谋划，统一布局，形成具有可行性、针对性的符合当地现实情况的建设规划，明确怎么建设、在哪建设、建设什么等数字基础设施建设中首先要考虑的基本问题。既要与传统基础设施相联系，也要放在整个经济社会运转中去考虑。

政府需要创新数字基础设施建设的投资模式。数字基础设施的技术含量高，资金投入周期长，要注重发挥社会资本的力量，让更多的企业参与到数字基础设施的建设中来。财政资金要起到"四两拨千斤"的效果，着力引导资金的投入与运转，充分发挥财政资金对数字基础设施项目的保障性作用。政府要鼓励不同的市场主体运用市场机制来协调配合，展开合作。政府应当起到整合资源，协调各方的统筹作用，提高生产要素的配置效率。

政府需要对数字基础设施建设加强风险管控。数字基础设施的建设有利于构建新发展格局，有利于推动经济高质量发展，最终落实到提高人民福祉，促进共同富裕。在数字基础设施建设中，要强调效益优先，做好新基建项目的技术和经济可行性以及成本收益评估，做到心中有数，确保成本和投资风险可控。要防止项目重复建设，加强项目过程中的监管与评价，避免粗制滥造、"烂尾"等现象的发生，造成投资无效，产能过剩，社会资源白白浪费。要从制度上、程序上探索新型的监管机制和评价机制，兼顾数字基础设施项目的效益与安全。

政府需要在数字基础设施建设中将需求发展相结合。各地区政府应当结合本地区的经济发展状况、传统基础设施建设水平、产业规模、资金规模和当地需求等情况，有重点、有步骤地落实推进数字基础设施的建设。对于数据中心、5G基站和云计算中心等关键的数字基础设施，要做到适当地超前部署，为未来的数字中国全面建设夯实基础。

第二篇

产业互联网

产业互联网是基于物联网、大数据和云计算等技术的新型商业模式，依托行业经验知识（Know-How）和行业生产及用户消费数据，利用基础设施即服务（IaaS）、平台即服务（PaaS）、软件即服务（SaaS）等数字技术，将整个供应链中的各个环节和参与方通过互联网进行实时连接和数据交换，有利于实现更高效的协同合作，提高生产效率和降低成本，满足用户日益增长的各类生活消费的需求。加快产业互联网生态培育，促进数字经济与传统产业融合，既是数字经济做强做优做大的重要基础，也是推动经济高质量发展的关键举措，还是提升数字时代国际竞争力的战略选择。

25. 产业互联网、工业互联网、消费互联网有何区别？

社会经济活动可以根据商品或服务的适用对象被大致分为消费和生产两部分。其中消费活动以用户为单位展开，生产活动则以企业为单位展开。

消费互联网，顾名思义，指的是"互联网+"各类消费场景。在以电子商务、共享经济为代表的消费互联网中，互联网平台发挥着重要作用。互联网平台具有网络效应，即：使用平台的消费者越多，生产者、经销商看到广阔的市场便也纷纷加入；类似地，平台接入的生产者、经销商越多，消费者能够通过平台匹配算法挑选到的商品越丰富，因此消费者也会更多地涌入平台。这种在平台接入者之间发生的正向影响便是平台网络效应的体现。在这种网络效应下，人口庞大的中国在电子商务领域后来居上，并在蓬勃发展中走向成熟。消费互联网聚焦于个人，致力于让个人用户更加便捷、高效地进行各类消费活动，提升消费者的效用。

更具有迷惑性的概念是"工业互联网"和"产业互联网"，这一概念的模糊性来源于对英文单词"Industrial"理解的不同。事实上，"Industrial Internet"提出伊始主要用于工业领域，然而随着互联网技术在生产、消费等领域的大规模应用，工业（第二产业）以外的农业（第一产业）、服务业（第三产业）也开启了数字化、网络化、智能化进程，"万物互联"成为新的时代命题。

根据中文应用场景我们对产业互联网、工业互联网、消费互联网进行领域上的区分，同时根据名词的历史应用情况进行了"狭义"和"广义"的说明。

（1）消费互联网：互联网技术＋消费场景，应用于消费领域。

（2）狭义的工业互联网：互联网技术＋生产场景中的工业场景，是最早提出的工业行业内部的工业互联网。

（3）广义的工业互联网：互联网技术＋生产场景，随着互联网的发展，拓展至包括非工业行业在内的各行各业的生产领域互联网。如海尔的卡奥斯 COSMOPlat 工业互联网平台和华为的FusionPlant 工业互联网平台。

（4）狭义的产业互联网：互联网技术＋生产场景，与广义的工业互联网同义。

（5）广义的产业互联网：互联网技术＋生产场景＋消费场景，将消费相关行业纳入其中，产业不再是"生产行业"的名词，而是成为包括供给与需求、生产与消费、囊括大市场的"行业"概念。

26. 产业互联网与消费互联网如何融合？

从产业链的角度理解，消费互联网和产业互联网覆盖了产业链的不同环节，只有二者融合，才能全面促进全产业链的数字化和智能化转型。消费互联网将互联网技术赋能 C 端的应用场景，直接对接终端的消费者，覆盖了产业链上最终的分销环节，解决的是"如何卖"的问题。产业链上的其他环节，包括研发设计、生产制造、运营维护等涉及"怎么造"的问题则需要产业互联网去处理。产业互联网和消费互联网融合后，将支撑起一条产业链的全流程运作，赋能产业链各个节点，最终将实现从设计研发到匹配销售的融通、统一。

产业互联网和消费互联网的融合将主要体现在以下几个方面：

第一，供应链协同，实现大规模定制化生产。融合产业互联网和消费互联网可以实现个性化服务和定制化生产，供应链中的各个环节可以实现更紧密的协同合作。生产和供应链环节可以根据消费者的需求和行为进行实时调整，提高生产效率和响应速度，满足个性化需求。

第二，实现智能制造、生产提效。产业互联网和消费互联网的融合推动了智能制造和物联网技术的应用。通过将工厂和设备与消费者和终端设备连接起来，可以实现设备的远程监控、故障预警和智能调度，提高生产效率和品质。

第三，数据共享和整合。生产环节的数据可以与消费环节的数据进行连接，从而实现更加高效的供应链管理和更加个性化、智能化的生产。

产业互联网和消费互联网未来的融合是大势所趋，是数字化全面转型的必然要求。融合后，消费端和生产端的数据将被打通，实现生产效率的提升，更好地满足消费者个性化的需求。

27. 我国产业互联网规模有多大？

产业互联网在经济发展中的地位越来越突出，但是大家对产业互联网的具体规模知之甚少。因此，笔者利用投入产出法等方法对产业互联网增加值规模进行核算。产业互联网包括两个部分：一是产业互联网的直接产业，即与产业互联网直接相关的产业；二是产业互联网的渗透产业，即与产业互联网间接相关的产业。因此，产业互联网对 GDP 的贡献（产业互联网增加值）可以分为两个部分：一是直接产业增加值；二是渗透产业增加值，即产业互联网产业作为中间投入间接创造的价值。根据核算结果，笔者有以下发现：

第一，中国产业互联网增加值规模快速增长。2018—2021年，中国产业互联网的实际增加值从 1.818 万亿元增长到 2.397 万亿元（见图 2—1）。2020 年，产业互联网增加值的实际增速略有下降。2021 年，由于新冠疫情的有效防控、数字化的深化，产业互联网等数字经济新模式成为经济增长的新动能。

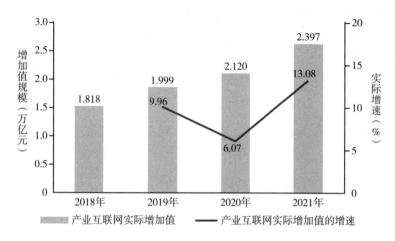

图 2—1　2018—2021 年中国产业互联网的实际增加值规模和增速

数据来源：戎珂等：《中国产业互联网生态发展报告》，2022 年，https://www.sss.tsinghua.edu.cn/info/1223/6094.htm。

第二，产业互联网以渗透产业为主，未来结构将继续优化。产业互联网可以赋能第一、二、三产业，推动传统产业转型升级，提高生产效率，从而促进经济高质量发展。2018—2021 年，产业互联网的直接产业和渗透产业都实现较快增长，其中直接产业增加值从 0.772 万亿元上升到 1.074 万亿元；渗透产业增加值从 1.046 万亿元上升到 1.324 万亿元。① 从结构上看，2018—2021 年，渗透产业增加值占产业互联网增加值的比重均超过 50%，这说明产业互联网以渗透产业为主。

第三，中国产业互联网是经济增长的重要驱动力。从占 GDP 的比重来看，2018—2020 年，产业互联网的实际增加值在 GDP 中的比重呈现逐年上升的趋势，从 2.17% 上升到 2.33%。2021 年，产业互联网的实际增加值在 GDP 中的比重达 2.5% 左右，产业互联网成为更加重要的经济增长源泉。从对 GDP 增长的贡献来看，2019—2020 年，产业互联网对 GDP 增量的贡献度从 3.59% 上升到 6% 左右，产业互联网对经济增长的促进作用非常突出。②

总之，由于全球疫情和中国经济结构转型，中国经济面临很大的下行压力，社会面临很大的民生压力。在这样的背景下，大力发展产业互联网有助于数字技术与实体经济融合，从而实现产业的信息化、数字化、智能化，为我国转变发展方式、经济高质量持续增长提供重要支撑。

为了进一步分析产业互联网的未来趋势，笔者对产业互联网的未来规模进行了预测。产业互联网相较于消费互联网而言，发

---

① 戎珂等：《中国产业互联网生态发展报告》，2022 年，https://www.sss.tsinghua.edu.cn/info/1223/6094.htm。
② 戎珂等：《中国产业互联网生态发展报告》，2022 年，https://www.sss.tsinghua.edu.cn/info/1223/6094.htm。

展的周期更长、增速更缓，且仍然需要新的数字技术突破。基于中国与数字经济等相关的政策文件以及已经在数字经济领域取得的成绩，有理由相信中国的数字技术会在"十四五"规划期间，即2021—2025年取得突破。但是，在2025年之后，产业互联网的发展与技术突破存在很大的关系，而技术突破具有一定的不确定性。因此，未来产业互联网可能面临三种情况：基准情况、乐观情况和悲观情况。根据预测结果，笔者发现：到2035年在基准情形下，产业互联网约占GDP总量的21%；在乐观情形下，则可以达33%左右；即使在悲观情况下，也可以达12%。不管是哪一种情况，产业互联网均会在未来相当长的时间内成为经济增长的一个持续、稳定的推动力。

28. 传统供应链和产业互联网有何区别？

传统供应链是指产品从原材料采购到最终交付给客户的整个过程，涵盖了供应商、制造商、分销商和零售商之间的物流和信息流。在传统供应链中，原材料供应商将原材料提供给制造商，制造商进行生产和加工，然后将成品交付给分销商，最后由分销商将产品销售给客户。传统供应链的关键组成部分包括采购、生产、库存管理、物流和分销。其中，采购环节涉及与供应商的谈判、合作和原材料的采购。生产阶段包括生产计划、生产过程和质量控制。库存管理涉及库存控制和供需匹配，以确保产品供应的稳定性。物流包括产品的运输、仓储和配送，确保产品按时到达目的地。分销涉及销售渠道的选择和产品销售，包括零售商、批发商和经销商等。

产业互联网的概念自提出以来便受到业界和学术界的广泛关注，但其定义并未达成共识。2012年，通用电气（General Electric Company，GE）的报告《工业互联网：打破智慧与机器的边界》（Industrial Internet：Pushing the Boundaries of Minds and Machines）中将"Industrial Internet"定义为"全球产业系统与先进计算、分析、低成本传感和互联网新连接的力量的融合"，并强调"设备、人与数据的互联互通"是工业互联网的核心要素。随后，基于"Industrial Internet"的定义，衍生出了"Industrial Internet Systems""Industrial Internet of Things"等定义。这些定义一方面围绕着工业生产中的连接进行更加深入的解读；另一方面也开始跳出工业生产本身，拓展到各行各业的连接之中。除此之外，"Internet of Production"则更加注重数据的获取和分析，希望打通各行各业跨领域的生产流程。

在中国，产业互联网的概念也莫衷一是，但各类行业报告和学术研究都认同产业互联网包括工业互联网，具有打通全产业链、连通供求端的数据和其他要素，实现深度数字化的业态。例如，前瞻产业研究院发布的《中国互联网行业市场前瞻与投资战略规划分析报告》将产业互联网定义为：利用互联网连接企业与企业之间商品流通，提升产业链与供应链协同效率，具体包括以产业电商为核心，供应链金融和网络货运为两翼，SaaS、大数据等为支撑等多种平台业态。腾讯研究院认为，产业互联网是互联网技术的深化，连接到各产业内部实现用户需求和生产运营的高效协同，以数据为基础资料，综合运用互联网、移动互联网、大数据云计算人工智能等下一代信息技术，可以依据用户的需求快速地组织生产，再服务于用户连接模式，促进传统产业升级，创造新的产业模式。李晓华（2020）认为产业互联网是互联网技术在特定产业领域的深度应用，其诞生打破了产业边界，实现了跨产业的网络连接、数据打通和业态创新。[①] 周勇（2020）则认为产业互联网能够跨越单个企业的边界，进入产业链，是企业的"外网"及其链接。它能够按产业链上下游关系打通供应链，实现产业链全环节的广泛互联，从而进入企业间关系，甚至涉及整个供给侧。[②]

由上述分析可知，国内外对产业互联网的理解不尽相同，国外对产业互联网的理解更为宽泛，而国内对产业互联网的理解则更多停留在工业互联网层面。事实上，产业互联网的概念不仅仅包含工业互联网，还涵盖了消费互联网以及其他产业的互联网。本书认为产业互联网是为满足用户日益增长的各类生活消费的需求，及企业提升生产效率、按需调整生产活动、实现运营协同的

---

① 李晓华：《奋力推进产业互联网融合发展》，《中国国情国力》2020 年第 7 期。
② 周勇：《产业互联网与消费互联网、工业互联网之间的生态体系比较研究》，《阅江学刊》2020 年第 4 期。

需求，依托行业经验知识（Know-How）和行业生产及用户消费数据，并利用各类数字技术，所形成的连接各类用户、企业内部生产单元和企业外部产业链合作伙伴的数字化生产网络。

综上可以看出，传统供应链和产业互联网是两种不同的商业模式，它们在组织结构、运作方式和价值创造等方面存在明显的区别。传统供应链是一个线性的商业模式，通常由多个独立的参与方组成，包括原材料供应商、制造商、分销商和最终客户。在传统供应链中，信息和物质流动在各个环节之间相对独立，并且信息的传递通常是通过人工或基于电子数据交换的方式进行。这种传统模式通常较为复杂，信息传递的速度较慢，协作效率较低。

相比之下，产业互联网是基于物联网、大数据和云计算等技术的新型商业模式。它将整个供应链中的各个环节和参与方通过互联网进行实时连接和数据交换。在产业互联网中，物理流动和信息流动被高度集成，参与方之间实现了更高效的协同合作。具体来说，产业互联网通过传感器和物联网设备收集大量的实时数据，这些数据通过云平台进行存储和分析，为参与方提供全面的供应链可视性和智能决策支持。此外，产业互联网还可以通过智能化的技术实现自动化的物流和生产过程，提高生产效率和降低成本。

产业互联网的优势在于提供了更高的供应链可视性和实时性，帮助参与方更好地理解市场需求、产品状态和库存情况。它还能够促进供应链的灵活性和适应性，使参与方能够更快地响应市场变化和需求波动。此外，通过产业互联网，参与方可以更好地进行协同创新，共享资源和知识，提高整个供应链的创新能力和竞争力。

然而，产业互联网也面临一些挑战。首先，数据安全和隐私保护是一个重要的问题，因为大量的实时数据需要在云平台上进行存储和交换。其次，产业互联网的建设和转型需要大量的投资和技术支持，对于一些中小型企业而言存在一定的门槛。最后，产业互联网的推广和应用还需要建立开放的标准和合作机制，以实现各方的互操作性和共享。

29. 产业互联网的技术框架是什么？

广义的产业互联网是在工业互联网(互联网技术＋生产场景)的基础上加入了"消费场景"，即产业互联网是互联网技术赋能更广阔的市场和行业。因此，产业互联网与工业互联网的底层技术框架基本相同，但主要区别在于产业互联网集成了更加广泛的垂直行业，因此技术框架所容纳的核心技术也更加多元化、更加场景化。

工业互联网首个国家标准体系《工业互联网　总体网络架构》GB/T 42021—2022 于 2022 年由国家标准化管理委员会批准发布。其中规定了工业互联网总体网络架构，由"工厂内网络＋工厂外网络"（上下游企业与智能产品）的技术底座支撑，赋能工业互联网平台，并进一步赋能工业互联网应用（智能化生产、网络化协同、个性化定制、服务化延伸）。[1] 其中，工厂内外网络的技术框架由 IT 网络、OT 网络和各类软硬件构成。工业互联网产业联盟于 2020 年发布的《工业互联网体系架构(2.0)》[2]，涉及工业互联网的具体技术框架，而产业互联网的技术框架是在此基础上的进一步延伸。工业互联网技术体系由制造技术、信息技术交织的融合性技术构成。制造技术和信息技术是工业互联网与产业互联网功能实现的基础。其中，制造技术是生产制造过程中支撑物理系统的关键技术，包括控制技术、感知技术、装备技术、基础技术等，以工业机器人、自动导引车（Auto-mated Guided Vehicle，AGV）、工业视觉等为代表。由于产业互联网相对工业互联网的赋能行业更加广阔，相应的制造技术也得到了拓展，包括农业生产、物流运输等非工业生产场景的物理制造技术。信息技术包括计算和通信两个部分，边缘计算、云计算等为不同场景提供计算能力，为 5G 及其他新一代移动通信技术提供数据传输管道。融合性技术以应用层的功能实现为主，融合了工业互联网与产业互联网的物理系统和信息空间，以数字孪生技术为重要代

---

[1] 国家市场监督管理总局、国家标准化管理委员会：《工业互联网 总体网络架构》GB/T 42021—2022，2022 年，https://openstd.samr.gov.cn/bzgk/gb/newGbInfo?hcno=DA19F0ECBC7E6625DA9D6BFE3C5B5D82。

[2] 工业互联网产业联盟：《工业互联网体系架构（2.0）》，2020 年，http://www.aii-alliance.org/index/c315/n45.html。

表，此外包括大数据分析、软件开发及各类人机交互与应用。在产业互联网中，融合性技术的软件开发不再局限于仿真、设计、流程优化等工业技术软件，同时赋能 B 端、C 端各类行业应用场景的软件开发与创新。

以制造技术、信息技术、融合性技术为支撑底座，工业互联网与产业互联网同时融通了"安全""平台""网络"三大功能体系。而数据是贯通三大功能体系，实现从感知控制，到数字建模再到决策优化闭环的核心。网络体系实现数据的标识解析与互联互通，安全体系保障数据流通的隐私安全，平台体系由 IaaS、PaaS、SaaS 三层构成，是工业互联网与产业互联网结构的外化体现，众多技术与三层平台深度融合进行功能实现。

在技术底座、核心功能框架之上，进一步集成垂直行业，是产业互联网与工业互联网的重要分水岭。工业互联网以赋能制造业、能源、交通等垂直行业为主，而产业互联网拓展了赋能行业的边界，由第二产业向第一产业和第三产业的细分行业延伸。除传统制造业外，产业互联网赋能服务行业（如远程医疗、在线教育、智慧零售等），实现农业智能化，服务金融科技，优化交通物流，甚至提升政府和公共服务效率。因此，产业互联网联通的不只是设备、系统、企业等，而是由场景驱动的、更加广泛和多元的主体，不断开发新的业务模式和市场机会。

30. 产业互联网有哪些核心技术？

（1）物联网技术

物联网是产业互联网的基础，通过传感器、标识技术和网络通信等手段，将物理世界中的各种设备和物品连接到互联网，实现数据的采集、传输和分析。物联网技术为产业互联网提供了庞大的数据基础和智能化的应用场景。例如，作为全球最大的家用电器制造商之一，海尔采用射频识别（Radio Frequency Identification，RFID）技术，对其洗衣机生产线进行自动化库存追踪和管理。每一台出厂的洗衣机上都搭载了电子标签以记录产品信息，在洗衣机运输的各个节点进行读取、追踪，并在 200 多个仓库之间进行数据的同步。

（2）大数据技术

产业互联网所涉及的数据规模庞大，包括传感器数据、设备数据、用户数据等，需要进行有效的存储、处理和分析。大数据技术提供了处理海量数据的能力，包括数据的采集、清洗、存储、挖掘和可视化分析等，帮助产业互联网实现数据驱动的决策和优化。例如，树根互联通过采集和分析工程机械设备的使用数据，对设备进行智能管理和维护。

（3）机器人技术

机器人技术在产业互联网中有广泛的应用，可以改善生产线的自动化程度、数据收集和分析能力，提高生产效率、质量和安全性。机器人可以助力自动化生产，如装配、包装、搬运和物料处理等，提高生产效率和一致性。机器人配备传感器和摄像头等设备后，可以收集和监测生产线上的各种数据，帮助企业进行生产过程的优化和预测性维护。例如，瑞士工业机器人制造商ABB集团全球首款真正实现人机协作的双臂工业机器人YuMi，目前已经广泛应用到了汽车、电子、物流等多个行业。

（4）云计算技术

云计算技术为产业互联网提供了高效的计算和存储资源，通过云平台可以实现对数据和应用的集中管理和共享，支持大规模数据的处理和分析，以及各种应用的部署和协同，为产业互联网提供弹性和灵活性。例如，亚马逊云服务为产业互联网的发展提供了强大的基础设施和工具，包括各种云存储服务，如简单存储服务（Amazon S3）、亚马逊弹性块存储（Amazon EBS）和弹性计算服务（Amazon EC2），允许产业互联网的用户在云上轻松创建和管理虚拟服务器，用于运行各种应用程序和服务，包括数据处理、设备管理和监控。

（5）3D 打印技术

3D 打印技术在产业互联网中具有多种作用。比如，3D 打印技术可以根据客户需求进行快速定制生产，这与传统的批量生产方式有所不同。通过将 3D 打印机连接到产业互联网平台，企业可实现对生产线的实时管理和响应，从而更好地满足客户需求和提高生产效率。3D 打印技术可以用于快速制作产品原型，还可以用于制造各种复杂的零部件，更好地控制零部件的质量和成本。例如，宝马在慕尼黑的一条 3D 打印生产线已经全面覆盖了数字化设计、零部件 3D 打印制造和后处理等整个流程。目前，该生产线的人工参与程度已经降低至不到 5%，同时金属零部件的 3D 打印单位成本减少了 50%。

（6）增强现实技术

增强现实（Augmented Reality，AR）技术在产业互联网中发挥着重要的作用，提供了更直观、高效和智能的工作方式。比如 AR 技术可以结合物联网传感器和云计算，用于监测和维护设备，让技术人员可以远程通过 AR 界面查看设备的运行状态、诊断问题，并获得实时的维护指导。AR 技术也可以在产品设计和制造过程中提供可视化和仿真功能，工程师和设计师可以使用 AR 技术在真实环境中查看虚拟模型、验证设计、进行空间布局和交互设计。AR 技术还可以实现数据可视化，将实时的传感器数据与现实世界建立联系，帮助建立数字孪生（Digital Twin）。例如，我国能源解决方案提供商正泰集团引入 AR 技术，开发了名为"AR 配电运维系统"的解决方案。该系统通过可视化方式将作业指导书的内容导入，并通过 AR 眼镜让新手员工实时查看设备的作业指导内容，提高操作规范性和效率。此外，系统还支持远程通信与协作，让后台专家可以通过 AR 眼镜进行远程指导和故障处理。

31. 产业互联网是否需要统一的集成式大平台？

未来的产业互联网可能形成"集成式平台 +'百花齐放'的专业型平台"的整体图景，既需要集成式平台提供共性的技术能力，更需要小而精的专业型平台深度赋能万行万业。

To B 端的产业互联网与 To C 端的消费互联网不同，消费互联网的商业模式更加依赖于平台网络效应，且商业模式的普及性也较强，统一的集成式大平台通过接入更多的消费者和更多的商家，形成规模效应，产生巨大的经济价值。然而 To B 端的产业互联网面向的是千差万别的细分行业，行业经验知识具有极强的专业性和复杂度，如果不深入各个行业的深层技术，是无法真正实现赋能应用的。以家电智能制造为例，即便都是家电产品，但智能洗衣机和智能冰箱所要求的边缘层数据传输方式、网络连接的通信技术、智能制造过程中对工业机械臂、AGV 机器人的要求等方面也可能完全不同。更不用说家电制造和其他制造行业以及制造业以外的其他产业之间的差异。面对产业互联网这种"小而精"的商业模式,"大而全"的消费互联网商业模式已经无法放之四海而皆准。因此,非常需要大量深耕行业根本的专业型平台,为各行业提供整体解决方案。中国移动的 5G 工业互联网平台是典型的专业型平台,专注于为企业提供 5G 网络的智能连接,其主要特点是提供 5G 的全方位解决方案。典型案例是中国移动与华为一同赋能新源煤矿,打造中国首个智慧矿区,通过为矿区铺设 5G 专用网络,并在此基础上开发了机电硐室无人巡检、掘进面无人操作、综采面无人操作三项远程操控 5G 应用,实现传统开采到智能远程操作的转型升级。

"百花齐放"的专业型平台同时需要集成式大平台作为发展的基石。集成式平台的主要目的是提供共性技术,同时具有模块化定制解决方案的能力,可以被界定为"产业互联网平台的平台",其不仅要集成足够多的能力,甚至需要接入更多其他平台形成多平台的生态。因此,未来即使能够形成集成式的平台,数量也一定有限。目前,工信部每年评选出的"跨行业跨领域工业互联网平台"具有一定的集成能力。比如海尔卡奥斯 COSMO-Plat 工业互联网平台多年蝉联"双跨平台"榜单之首,以 BaaS 层为核心能力,目前已赋能 60 余细分行业的数字化转型,具有一定大规模定制解决方案的潜力。此外还有腾讯的 WeMake 产业互联网平台，扮演企业"工具箱"的角色，通过提供大数据、云计算、人工智能等共性技术服务，目前已经赋能 20 余个行业的企业数字化转型。

32. 如何促进产业互联网发展？

近年来，国家越来越重视产业互联网生态。2020 年 4 月，国家发展改革委和中央网信办发布的《关于推进"上云用数赋智"行动　培育新经济发展实施方案》提出，以数字化平台为依托，构建"生产服务 + 商业模式 + 金融服务"数字化生态。加快产业互联网生态培育，促进数字经济与传统产业融合，既是数字经济做强做优做大的重要基础，也是推动经济高质量发展的关键举措，还是提升数字时代国际竞争力的战略选择。

目前，中国产业互联网生态尚处于初级发展阶段，产业互联网发展和生态培育存在一些不足：第一，目前没有形成共建产业互联网生态的共识，生态伙伴之间缺乏信任。第二，产业互联网生态底座和基础比较薄弱，比如缺少统一的标准、数字基础设施不够完善、关键技术较为薄弱。第三，产业互联网生态伙伴之间协同不足。第四，产业互联网国际竞争力较低。

因此，应该加快产业互联网生态培育，多途径促进产业互联网发展，重点举措如下：第一，推动产业互联网生态伙伴分享长期愿景，凝聚生态共识，以共识促进伙伴之间的信任，共建产业互联网生态。第二，共建生态底座，营造良好环境。首先，加强标准体系建设。行业的标准化可以让产业互联网在某个行业内形成一定的网络效应。因此，需要加强统一的标准体系的制定，提升行业的标准化程度。其次，加强人才体系建设。打造产业互联网人才培养体系，加快培养既懂行业知识、又懂信息与通信技术的复合型人才。最后，加大数字基础设施投资，加快关键技术突破。从国家层面进行统筹规划，积极引导产业互联网生态所需的数字基础设施投资，同时加快数字化转型共性技术、关键技术研发，在不确定性增大的国际环境下提升中国产业互联网生态的韧性。第三，加强生态协同，建立产业命运共同体。相对于消费互联网的"赢者通吃"格局，产业互联网更有可能演变出"一米宽、百米深"的竞争格局。产业互联网生态伙伴应该在整个生态中共同演化、分享愿景、共同提出解决方案，共创共享生态价值，繁荣整个生态。对于核心企业和大企业而言，需要重视生态培育，参与行业标准制定，并扶持中小企业，促进中小企业创新和发展。对于合作伙伴而言，需要拥抱产业互联网，利用行业经验知识和数据赋能生态。第四，推动"生态出海"，提升国际竞争力。在数字时代，产品的竞争可能演变成生态的竞争，产品或企业的出海将演变成生态的出海。因此，基于长远考虑，政府需要更加关注产业互联网生态的出海，积极牵头或者参与国际相关标准制定，支持和引导产业互联网生态走出国门。

33. 国内企业在产业互联网方面 有哪些探索实践？

时至今日，我国企业已经尝试、打造了一系列工业互联网和消费互联网。著名工业互联网平台包括海尔的卡奥斯COSMO-Plat、三一重工的树根互联、华为的 Fusion Plant、阿里的 supET 等。而消费互联网平台则以人们生活中常见的电子设备为主，小米、腾讯等企业正在积极打造各种手机、电视、电脑等硬件平台和各类软件平台。整体而言，产业互联网可以分为传统产业链拓展型、消费互联网渗透型、数字技术主导型三类。

（1）传统产业链拓展型

这类产业互联网善于利用运营技术（Operation Technology），打通整条产业链。运营技术是"工业化与信息化"中"工业化"的重要组成部分，其核心是人们在历史长河中积累的对设备管理、控制、操作的经验与认识——人类总结经验、形成工业知识并构建知识体系，在代代相传中得到完善与优化。

海尔以运营技术为切入点，凭借自身积累的丰富传统制造经验和行业技术，通过对全产业链运营技术的理解打通不同领域的产业链，从而建成传统产业链拓展型产业互联网。卡奥斯COS-MOPlat 创建于 2017 年 4 月，是海尔集团基于 30 多年的制造经验打造的国家级"跨行业跨领域"工业互联网平台，并连续 4 年位列双跨平台"国家队"榜首。COSMOPlat 通过引入用户全流程参与体验，为全球各行业不同规模企业提供数字化转型解决方案，其主要业务覆盖工业互联网平台建设和运营、工业智能技术研究和应用、工业软件及工业 App 开发、智能工厂建设及软硬件集成服务、采供销数字化资源配置等，服务对象包括家电家居、能源、医疗、服装、装备、电子、汽车等行业，也为产业园区、区域政府提供数字平台建造服务。目前，COSMOPlat 正在推动食联网、衣联网、日日顺物流、海乐苗等跨行业应用场景中产业互联网的落地，并进行海外推广。

（2）消费互联网渗透型

这类产业互联网在消费互联网领域掌握了大量的消费者数据，善于研发和利用信息技术（Information Technology）开展各行业消费场景的商业模式创新，并逐渐向各行业的生产场景渗透。信息技术主要包括计算机技术、网络技术、通信技术、数据库技术及控制技术等。

腾讯深耕消费互联网，积累了大量的用户社交、消费数据，能够利用网络信息技术进行各类商业模式的创新，通过对各行各业的消费情况的掌握，腾讯不仅能够向消费领域内的其他行业跨行业扩张，也能够从消费领域与生产领域对话进行跨领域扩张，千帆计划和云启基地都是腾讯消费互联网的重要载体。腾讯在

2019 年提出千帆计划，当时市值过千万的公司，并不专攻大而全的平台，而是深耕专业的领域，千帆计划旨在面向千帆竞发的市场，发展 SaaS 以减少 IT 业务投入、快速拿到业务结果。千帆计划是实现数字技术层面的突破，而云启基地则是腾讯进入产业生产领域的尝试。腾讯云与智慧产业事业群（CSIG）打造腾讯云启创新生态致力于帮助孵化中国企服公司，为初创企业提供产业加速器和产业共创营等资源和平台，不断积累行业技术向产业互联网扩张。

（3）数字技术主导型

这类产业互联网，在数字技术维度积累了强大优势，并基于自身技术给出产业互联网生态的解决方案，尤其在通信技术（Communication Technology）层面具备更强大的网络连接能力。通信技术主要包括传输接入、网络交换、移动通信、无线通信、光通信、卫星通信、支撑管理、专网通信等。

华为具有强大的通信技术，在 IaaS、PaaS 有深厚的技术积累，在进入产业互联网生态后推出了华为云平台和服务器芯片（鲲鹏计算芯片和昇腾 AI 计算芯片），同时提高开放包容水平，Gauss 数据库、Euler 操作系统实现开源，开放服务器主板。同时，华为推广 5G 应用，推动建立 5G 应用产业方阵、5G 汽车联盟、5G 工业互联及自动化联盟等跨行业、跨领域组织。为了改变华为"黑寡妇"的印象，华为正在提高对合作伙伴的包容程度、建立生态信任。目前，华为云的整套解决方案均可以看见华为数字技术的身影，不仅在服务器、智能手机等产业链方向上扩张，也向汽车、金融、煤炭等行业扩张。

34. 产业数字化如何引领"智能制造"？

制造业是我国的传统产业，在人口、土地、能源等资源和环境的约束下，传统制造业生产成本不断增加，生产效率的边际提升也日益趋缓。在这样的背景下，新兴数字技术不仅能够提高传统产业的工艺技术，丰富产品功能，提升产品异质性，而且能够进一步缩短科技成果转化的周期，驱动制造业不断向中高端迈进。《"十四五"智能制造发展规划》指出，"智能制造是基于新一代信息技术与先进制造技术深度融合，贯穿于设计、生产、销售、服务等制造活动的各个环节"。在信息技术革命的浪潮中，智能制造需要企业能够有效依托数字化设计软件和数字化生产装备，建设数字化产线、车间、工厂，在产品研发、工艺设计、生产作业、仓储配送、设备管理、供应链管理等现实生产场景和生产方式的转型和升级。

因此，"智能制造"首先需要推进企业生产方式的数字化技术改造，依靠物联网和自动化控制等新兴技术加速更新和优化企业的生产设备、生产工艺和生产流程，从而实现生产线全过程的高度集成化和标准化，提升企业的生产效率与产品品质。企业可以依托机器人等高端智能机器设备，尝试打造诸如"无人车间""无人工厂"等智能生产模块，转变和解放生产的劳动力要素，一定程度上提升制造的自动化和智能化水平，并努力探索出新模式和新业态，加速实现智能机器人与生产流程各环节的互联互通。

其次，推进"智能制造"还需要在企业内部的采购、生产、销售等环节打造网络化协同体系，推动低成本、模块化设备和系统的部署实施，建立全生命周期产品信息统一平台。第一，基于大数据、人工智能、物联网等技术，企业可以对关键设备状态、工艺、生产、质量、备件等数据进行大数据综合分析，形成全生产流程的追踪和监管；抑或深入推进"云企业"的网络布局，推广企业相关设备联网，搭建核心信息系统，将核心业务以及数据集成上传云盘。通过深化云应用，能够实现内外部资源、生产能力和服务能力的高度集成，促进设计、生产、物流、仓储等环节高效协同。第二，企业也可以通过5G、大数据等相关技术实时、海量收集产品运营数据，帮助加速产品迭代，并帮助开展产品的远程管理、诊断以及预测性维护等。

最后，企业在推进"智能制造"中不能轻视安全生产问题，完善信息安全管理制度和技术防护体系，增强网络防护、应急响应等信息安全保障能力。对于存在较高安全风险的项目，要通过信息技术实现危险源的自动检测和安全生产的全方位监控，必要时建立在线应急指挥联动系统。

35. 开源社区、开发者平台等新型协作
平台对数字产业化有何意义？

开源源起于软件，指开放和共享软件的源代码，授权企业或个人自由使用、复制、传播和改动软件，不仅已覆盖软件开发全域场景、渗透到绝大部分软件产品，还进一步延伸到开源硬件、开源设计等领域。当前，开源已成为全球数字技术、数字产业创新发展的主流模式，开源社区、开发者平台等新型协作平台应运而生。

开源社区、开发者平台等新型协作平台能够最大程度汇聚智力、产业与服务资源，打破商业墙、信息墙、地域墙，缩短"原始创新—产品应用—产业转化"的创新周期。目前，全球已形成从底层软件到应用软件的开源创新模式。据统计，全球 97% 的软件开发者和 99% 的企业均使用开源软件。[①]而从企业实践来看，代替 Unix 操作系统的 Linux、移动终端操作系统 Android、阿里 IoT 操作系统 AliOS、腾讯 IoT 操作系统 TencentOS tiny 等软件均采用开源方式，并获得了大规模用户群体。Mozilla Firefox 浏览器、Chrome 浏览器、LibreOffice、GIMP 图像处理程序等应用软件、程序基于开发者持续贡献实现快速迭代更新。为了能够最

---

① 江小涓：《以开源开放为抓手形成科技与产业新优势（人民要论）》，《人民日报》2021 年 8 月 31 日。

大程度汇聚智力资源，构建创新生态，目前越来越多的企业均推出开源项目。

开源社区、开发者平台等是我国推进数字产业化，构建我国数字产业生态，提升我国数字产业生态位势的重要路径。相较于发达国家，我国在大多数领域均处于技术追赶状态。开源社区是数字技术学习、交流与合作开发的重要平台，也是当前我国技术追赶的重要手段。一方面，通过从开源社区寻找替代品解决方案有助于破解当前我国所面临的科技封锁、技术"卡脖子"问题；另一方面，我国也可通过开源社区搭建我国主导的数字技术创新生态，将我国的成功项目输出到全球。此外，开源社区有助于提升我国在数字技术领域标准制定能力与话语权。

36. 当前传统产业转型总体形势如何？

目前，我国传统产业数字化转型进程加速，不同产业基于自身基础探索出各具特色的转型路径。总体来看，服务业数字经济渗透率最高，制造业次之，农业数字化转型仍处于初期阶段。据统计，2022年，我国农业、制造业与服务业数字经济渗透率比例分别为10.5%、24.0%和44.7%。[①]

农业数字化转型开始积极探索。我国农业生产信息化水平不

---

① 中国信息通信研究院：《中国数字经济发展报告（2023年）》，http://www.caict.ac.cn/kxyj/qwfb/bps/202304/t20230427_419051.htm。

断提升，据农业农村部信息中心测算，2022 年全国农业生产信息化水平为 25.4%①。智慧农业平台、农产品电商平台等打破农业市场的时空地理限制，打通与消费者互动渠道，指导农产品生产加工全环节优化。农业数字化经营管理效应持续显现。5G、物联网、卫星遥感等新一代信息技术在农业种植生产中加快应用，推动播种、施肥、灌溉、除草等农业生产环节全面向自动化、智能化发展。农村新业态新模式竞相迸发。农村物流连接生产与消费两端，近年来农村寄递物流体系的日益完善极大促进农村电商发展。2022 年全国农村网络零售额达 2.17 万亿元，同比增长 3.6%，继续保持乡村数字经济"领头羊"地位。② 乡村旅游、休闲农业、民宿经济加快发展。2022 年，农业农村部共计发布 50 余条美丽乡村休闲旅游精品线路与近 200 个精品景点，满足大众周边游、近郊游需求。农村移动支付业务持续扩张，根据《第 50 次中国互联网络发展状况统计报告》，截至 2022 年 6 月，我国农村地区网络支付用户规模达到 2.27 亿，在农村网民中占比近 80%。③

制造业数字化转型持续深化。转型基础不断夯实，截至 2022 年 2 月底，国内已涌现出 150 余个具有一定影响力的大型

---

① 农业农村部信息中心：《中国数字乡村发展报告（2022 年）》，http://www.cac.gov.cn/2023-03/01/c_1679309718486615.htm。
② 《2022 年农产品网络零售增势较好》，《人民日报》（海外版）2023 年 2 月 1 日。
③ 中国互联网络信息中心：《第 50 次中国互联网络发展状况统计报告》，https://www.cnnic.net.cn/n4/2022/0914/c88-10226.html。

工业互联网平台，服务工业企业近 200 万家。① 转型领域不断延伸，钢铁、汽车、服装等重点行业转型进程正不断加速。截至2022 年底，"5G+ 工业互联网"全国在建项目超 4000 个，转型涉及环节持续深入，正从销售、管理等外部环节赋能加速向控制、监测等核心领域拓展。转型水平逐步提升，根据《携手构建网络空间命运共同体》白皮书，我国规上工企关键工序数控化率达 55.3%，已有近 40% 的企业开展网络化协同，近 30% 的企业以服务型制造为转型方向。新业态新模式不断涌现，工业互联网催生管理、设计、生产制造、服务等环节向网络化、个性化、智能化、服务化方向发展，形成一批新模式新业态，推动传统制造业生产方式、商业模式和企业形态变革。中国信息通信研究院发布的《工业互联网产业经济发展报告（2020 年）》显示，2020 年工业互联网带动制造业的增加值达到 1.49 万亿元，工业互联网带动增加值规模超过千亿元的行业已达到 9 个，给行业发展注入强劲动力。

服务业数字化水平显著提高。电子商务快速扩张。截至2022 年底，我国在线医疗用户规模达 3.63 亿，同比增长 6466 万，占网民整体的 34.0%。我国在线办公用户规模达 5.40 亿，同比增长 7078 万，占网民整体的 50.6%。社交电商形成普遍高效应用，电商直播用户规模为 5.15 亿，同比增长 5105 万，占网民整

---

① 中国信息通信研究院：《中国数字经济发展报告（2022 年）》，http://www.caict. ac.cn/kxyj/qwfb/bps/202104/t20210423_374626.htm。

体的 48.2%。① 跨境电商快速发展，为外贸发展提供有力支撑。海关总署的数据显示，2022 年，我国跨境电商进出口规模达 2.1 万亿元，同比增长 7.1%。网络支付屡创新高。网络交易金额创历史新高。中国人民银行《2022 年支付体系运行总体情况》显示，2022 年我国银行共处理电子支付 2789.65 亿笔，交易金额达 3110.13 万亿元，同比分别增长 1.45% 和 4.50%。网络支付工具加速互联互通，央行明确提出要加快制定条码支付互联互通标准、统一编码规则、打通支付服务壁垒，推动实现不同 App 和条码互认互扫。数字人民币推进提速。截至 2021 年底，数字人民币试点场景已超过 800 万个，交易金额近 900 亿元，覆盖生活缴费、餐饮服务、交通出行、购物消费等领域。共享型服务和消费成为提升经济韧性的重要力量。国家信息中心发布的《中国共享经济发展报告（2023）》显示，2022 年中国共享经济市场交易规模约 3.83 万亿元，同比增长约 3.9%。其中，网约车客运量占出租车总客运量的比重约为 40.5%，共享住宿收入占全国住宿业客房收入的比重约为 4.4%。生产性服务业发展迅猛。行业龙头企业持续加大资源开放共享力度，大中小企业资源共享加速推进，共享制造发展的基础设施持续完善，我国共享制造逐步迈上发展新台阶。

---

① 中国互联网络信息中心：《第 51 次中国互联网络发展状况统计报告》，https://www3.cnnic.cn/n4/2023/0303/c88_10757.html。

37. 企业数字化转型面临的瓶颈有哪些？

企业数字化转型是指企业通过引入新一代数字技术（人工智能、大数据、云计算、物联网等先进的信息、通信、计算和连接技术），实现对传统管理模式、业务模式和商业模式的变革，从而改善企业运营。[1][2] 目前，我国企业数字化转型的浪潮方兴未艾，然而企业在实施数字化转型的过程中可能面临认识不足、技术薄弱、资金和人才匮乏等诸方面的困境和瓶颈。根据《中小企业数字化转型分析报告（2021）》，2021 年约有 79% 的中小企业处于数字化转型初步探索阶段，仅约有 12% 的中小企业处于应用践行阶段。

在认识层面上，尽管业内对企业数字化转型的重要性已达成共识，但很多企业在数字化转型中存在"不想转、不敢转、不会转"等突出共性问题。[3] 这背后体现了许多企业对数字化转型的认知不足、路径不清楚、信心不够。企业数字化转型需要改变传统的经营理念和思维方式，这可能引发企业内部的抵触和阻力。

---

[1] Verhoef P. C., Broekhuizen T., Bart Y., et al. ,"Digital Transformation: A Multi-disciplinary Reflection and Research Agenda", *Journal of Business Research*, 2021,Vol.122,pp.889–901.

[2] Vial G., "Understanding Digital Transformation: A Review and a Research Agenda", *The Journal of Strategic Information Systems*, 2019, Vol.28（2）, pp.118–144.

[3] 中新网：《中小企业数字化转型要走出"不想转不敢转不会转"困境》，《中小企业管理与科技》2022 年第 22 期。

企业可能对数字化转型的潜在好处缺乏充分的认识，或者对数字技术的运用和潜力了解不足，而缺乏对数字化转型的全面认识会阻碍数字化转型的实施。

在技术层面上，数字化转型需要依赖先进的数字技术和信息系统。然而，企业可能面临技术基础薄弱、技术能力不足的问题。尽管不少企业都能够使用互联网和 ERP 系统来改善企业经营，但是使用人工智能等先进技术和智能化设备的企业仍然较少。许多对数据的采集和管理能力仍然偏弱，数字化运行资源覆盖率仍然不高，停留在电子商务、软件应用等数字化初级阶段，对数据开源、智能制造等进阶领域投资较少。特别是许多中小微企业缺乏最基本的数据基础，未能享有数字化带来的模式转变和效率提升。不仅如此，能够提供给企业的国产工业软件水平普遍有限，这也制约了企业数字化水平的提高。要解决技术难题，当务之急可能是打造一批中小企业用得起、养得起的数字化系统解决方案和产品，形成可复制可推广的数字化转型模式。激励领先企业构建数字生态，发挥引领作用，带动产业链上下游中小企业协同转型。

在资金层面上，数字化转型需要投入可观的资金用于引进数字技术，全方位地改造生产流程，并培育数字人才。因此对于许多企业来说，缺乏足够的资金支持可能成为数字化转型的瓶颈。事实上，有研究对天津市千家民营企业进行了问卷调查，发现民营企业对数字化的支出费用不足，平均投资额较低，有 75% 的企业缺乏数字化转型资金；多数企业的数字化转型平均投资额变动率在5%以下，数据购买费用和云计算服务支出费用低于10万元。[①] 企业自身有限的资金可能无法支撑其平稳完成数字化改造，因此相关政策的扶持非常有必要。

在人才层面上，数字化转型需要具备相关技术和管理知识的人才支持。然而，市场上数字化转型所需的高端技术人才和管理人才往往供不应求，企业可能面临招聘和培养人才的挑战。同时，企业也需要改善内部的组织文化和人才管理机制，以吸引和留住具有数字化技能的人才。这也从侧面反映了高校数字人才培养与企业实际需求的脱节，高校对企业数字化的人才支撑还远远不足，需要继续增强培育数字化人才的力度。

38. 产业数字转型中如何构建 供应链平台生态圈？

供应链是企业经营中产品流、资金流、信息流的综合管理，企业从设计、采购、生产、销售到财务，需要一个完整的供应链管理才能动态、快速、准确地响应整个供应链上下游及客户的需求。

---

① 裴蕾：《企业数字化转型的结构特征与发展瓶颈研究——以天津民营企业为例》，《理论与现代化》2021年第4期。

供应链的第一环是产品流，产品流规划的核心是有效管理产品流转过程中所可能出现的时空错配问题，如客户期望交付期与供应链可实现交付期之间的平衡问题。数字信息技术的广泛应用能够有效解决产品物流中的时间和空间错配问题，实现对产品流精准的把控。企业可以通过搭建信息化平台实现仓储收货、拣货、配送、过账全流程的管理和把控；利用北斗定位技术实现行车、货物定位，有效监管运输过程；还可以发挥 RFID、GNSS 等物联网定位技术在物流作业可视化管理方面的巨大作用；还可以利用区块链的溯源技术，保证单据等各类交易凭证在物流全过程的信息上链，从而实现流通信息可追踪及不可篡改。通过将这些信息技术引入仓储、物流的全过程，能够有效保证产品流的实时监管。

供应链的第二环是资金流，资金流规划主要解决的是供应链上资金在时间上错配的问题，对于错配部分需要有针对性地提出解决方案。对于资金错配导致资金缺口的部分，一方面，可以考虑使用供应链金融工具进行"开源"，而数字信息技术正为供应链金融业务注入了新的活力。通过与金融机构合作，依托数字金融技术，提升上游供应商融资业务的覆盖面，为供应商拓宽融资渠道，提升供应商资金保障能力，同时降低供应商融资成本。另一方面，企业和供应商除了选择供应链金融服务进行外部"开源"，也可以开展精益化成本分析进行内部"节流"。企业和供应商可以依托大数据平台和信息管理系统，针对自身业务中的关键品类和典型物料进行更为精细的成本分析，管控企业生产各环节的成本支出，从而优化企业的成本控制情况。

供应链的第三环是信息流，完整、迅速的信息流传递既是企业内部协同的基础，也是外部供应链各环节协同的关键。因此供应链上、中、下游企业需要部署相对统一的流程，以运营与规划流程（Sales & Operations Planning，S&OP）、协同计划（Collaborative Planning，Forecastin and Re-plenishment，CPFR）等数字孪生技术为基础，企业可以尝试构建一个集委托方、物流企业、个体参与者及物流业务相关的第三方参与者为一体的多方协同的可视化管理平台。该智能平台可以直接把握实时运踪数据，实现智能化物流工作，提高物流运作效能。通过信息化手段把供应链中模块化作业的采购、物流、生产、营销等环节一一打通，促进上下游企业高度协同，提升供应链运作效率。

39. 传统工业体系中哪些产业可以有效数字产业化？

随着数据要素参与生产以及数字经济时代的到来，传统工业进行数字产业化转型是大势所趋。2010 年 7 月，德国政府推出了《高技术战略 2020 行动计划》。该计划明确了未来德国发展的十大重点项目，旨在支持工业领域内的制造技术革命性研发和创新。这一举措后来被全球广泛知晓为"工业4.0"。2015年5月，中国政府发布了《中国制造2025》，提出要通过特殊政策和制度优势，突出创新驱动，依靠和发展高端装备制造业，实现中国制造向中国创造的转变，中国速度向中国质量的转变，中国产品向中国品牌的转变，完成中国制造由大变强的战略任务。由此可见，数字经济时代数字产业化随着制造业高端化在制造强国中产生了重要影响。

传统工业数字产业化分为三个方面：信息化、自动化和智能化。信息化涵盖了信息技术的广泛应用，实现了信息资源的共享，进而释放了人类智力和社会资源的潜能，使个人行为、组织决策以及社会运行更趋向合理化的状态。同时，信息化也构建在信息技术产业的发展以及信息技术在社会经济各领域传播的基础之上。因此，信息化这一过程推动了信息技术将传统经济和社会结构进一步向更有效的运行状态发展。自动化有三个方面的含义：代替人的体力劳动，代替或辅助人的脑力劳动，制造系统中人机及整个系统的协调、管理、控制和优化。在功能方面，自动化代替人的体力劳动或脑力劳动仅仅是自动化功能目标体系的一部分。自动化的功能目标是多方面的，已形成一个有机体系。在范围方面，自动化不仅涉及具体生产制造过程，而且涉及产品生命周期所有过程。在智能化方面，智能制造是一个庞大的综合工程，其推进需要从产品、生产、模式和基础四个维度进行系统性构建。其中，智能产品被视为核心，智能生产是主要推动力，以用户为中心的产业模式的变革则贯穿其中。这一转变的基础建立在信息—物理系统与工业互联网之上。智能制造是信息化发展所必须经过的重要阶段。

我国传统工业存在较大的行业差异，难以形成标准、统一的信息化模式，行业壁垒较高，子行业与子行业之间信息互通比较困难。许多国际生产制造商和信息化服务提供商，例如西门子、通用电气等，正在积极布局制造信息化服务领域。借助其在市场上已经占据的高份额以及强大的科研实力，它们纷纷推出多样化的信息化产品或服务。国内数字经济与制造业物联网基础生态较差，数字产业化的技术门槛依然尚未攻克。较大规模制造业企业转型创新困难，中小型制造企业缺乏信息化人才，个性化成本高。核心问题是中小型企业规模小，缺乏产业规模化的实施方。

实际上，有效数字产业化的传统工业的逻辑在于数字化的成本能否被技术提高带来的收益所弥补，数字技术对传统工业的赋能价值是企业数字产业化决策的关键因素。例如：能源行业利用智能电网、分布式能源、物联网等技术实现能源管理的智能化，提高能源利用率，降低碳排放。交通运输行业通过无人驾驶、智能交通系统、物联网等技术提高交通运输效率，减少拥堵和事故等。规模化产业通过数字产业化可以更有效地配置资源。而手工艺品制造以及定制化行业的特殊性较高，在数字化应用时规模报酬递增不明显。一方面，这类工业的生产过程往往依赖于技艺传承和手工操作，数字化转型可能会影响产品的独特性和文化价值。另一方面，一些高度定制化的行业（如私人定制家具、艺术品修复等）往往需要专业技能和对客户需求的深入理解，难以利用大规模的数据进行生产。

综上所述，传统工业体系中有很多产业可以有效实现数字产业化。这些产业主要包括制造业、能源行业、交通运输、物流和供应链等。这些行业适合数字化转型，因为引入先进技术（如物联网、大数据、人工智能等）可以提高生产效率、降低成本、优化管理和改善服务。然而，一些高度依赖手工技艺和个性化定制的产业可能相对不适合数字化转型，但在特定环节中仍可利用数字化技术进行优化。在进行数字化转型时，各行业应关注整个产业链的各个环节，以充分发挥数字化技术的潜力。

40. 产业数字化转型中面临哪些数字治理问题？

随着产业数字化转型的不断深入，数字治理也面临新型问题。数字治理问题本质上是数字包含的信息治理问题。数据操纵，即以捏造绩效为方式掩盖真实绩效水平的行为，被认为是最为有害的信息失真的形式之一。数据要素和数字经济方兴未艾之时，企业和组织在各个层面产生和处理的数据量急剧增加，这可能导致数据管理的复杂性增加，从而增加信息传递和数据操控的风险。

出于多种原因企业可能会进行数据操纵。具体而言，首先，为了在竞争激烈的市场环境中脱颖而出，企业可能会通过操纵数据来夸大产品或服务的优势，从而吸引客户和投资者。其次，企业可能会操纵数据以满足监管要求或规避法规限制。在一些情况下，企业可能会对财务报告、环保指标等方面的数据进行操控，以实现其短期目标。再次，企业也可能为了保护自身利益而操纵数据。例如，企业可能会对内部数据进行操纵，以便在涉及版权、专利等知识产权方面的争端中取得有利地位。最后，当前的绩效评估体系可能导致企业过度关注某些指标，而忽视企业的长期发展和可持续性。在这种情况下，企业可能会选择夸大绩效数据，以获得更多的资源和支持，进而实现短期目标。

然而，值得注意的是，数据操纵行为可能会导致严重的后果。一方面，数据操纵可能会损害企业的声誉和客户信任。客户和投资者发现数据操纵后，可能会对企业的品牌形象和市场地位产生负面影响。另一方面，数据操纵可能会引发法律风险。企业如果被发现操纵数据，可能会面临诉讼、罚款甚至是监管部门的调查。因此，企业需要正视数据操纵行为可能带来的风险，并采取有效措施确保数据的真实性和准确性。

在数字经济持续发展的背景下，算力和算法工具在检测数据操纵方面的表现确实有了显著提升。然而，与此同时，仍有部分企业试图规避这些检测手段，借助大数据的复杂性来隐藏数据操纵行为。快速增长的数据量和多样化的数据处理技术为这些企业提供了更多的机会和掩护，使得数据操纵变得更加难以发现。一些不道德的企业可能会运用这些先进技术，用更加隐秘的方式操纵数据，从而达到实现短期目标和谋求利益的目的。

如何更好地识别数据操纵问题，已有研究提供了三个方案：分别是本福特定律、Beneish 模型以及环境数据。本福特定律是一种通过观察数据集中第一个数字出现的频率分布来识别异常数据的方法。该定律认为，自然产生的数据中，较小的数字（如 1、2、3）作为首位数字的概率要大于较大的数字（如 8、9）。因此，通过比较实际数据和本福特定律的预期分布，可以找出可能存在数据操纵的异常数据。Beneish 模型则是一种专门用于检测财务报表中操纵性收益管理行为的统计模型。该模型通过分析公司财务数据中的多个指标，如资产质量、销售收入和应计利润等，计算出一个操纵指数（M-score）。当 M-score 高于某个阈值时，认为公司存在财务数据操纵的风险。环境数据方法主要关注能够被客观检测的数据，将统计部门公布的数据与能够从其他客观渠道得到的观测值进行对比，通过对比的偏离的程度对数据操纵进行检验。

为了应对这一挑战，监管机构和企业需要加强合作，共同提高数据操纵行为的识别和打击能力。这包括加强对数据处理技术和算法工具的研究，以便更好地理解和预测可能的数据操纵策略。此外,相关部门需要不断更新监管政策和技术标准,以适应不断变化的数据环境。企业也应该加强内部审计和风险管理,以确保数据的真实性和准确性。通过这些措施,我们可以降低数据操纵行为的发生频率和影响,进而保护数字经济的健康发展。

41. 产业互联网落地存在哪些挑战?

产业互联网的目的是赋能万行万业,实现企业内部各个环节的数字化、信息化、智能化。然而,当前产业互联网全面落地仍然面临着多方面的挑战,包括数据壁垒、标准化困难、技术成本高等问题。

首先,不同企业之间存在着信息孤岛和数据壁垒。数据要素在产业互联网中扮演着重要的角色,数据要素与其他生产要素相结合参与到生产过程当中,包括企业信息、生产设备信息、交易信息、物流信息等重要数据通过整合分析,能够极大赋能供应链设计与效率的提升。然而数据的采集、存储、运输、计算、应用等各个环节对技术的要求极高,一方面,大量企业尤其传统的中小企业,本身数字化水平仍然较为滞后,能力限制导致"数据上云"尚未实现,中国电子技术标准化研究院发布的《智能制造发展指数报告(2020)》显示,当前中国企业的设备联网和设备数据采集的比率仅达 23%,即使已经收集存储的数据也存储在不同的系统之上,分散程度较高,实现数据流通需要极高的成本;

另一方面，企业大多将生产过程中产生的数据视为商业机密，不愿开放共享，信息系统和数据来源的不同，导致数据共享和协同工作难度较大。

其次，标准化问题也是产业互联网面临的重大难题。产业互联网"小而精"的商业模式不同于消费互联网"大而全"的商业模式，产业互联网需要更多差异化的标准和服务。不同行业之间的知识经验不同，对产业互联网的要求也不尽相同，即使是同一行业的不同厂商，也可能存在生产过程中所使用的系统不同的问题，需要具有差异化的信息技术（IT）、操作技术（OT）、通信技术（CT）与之相适配。标准化的困难，缺少统一标准会给各方带来不必要的麻烦，导致企业接受产业互联网服务的意愿不足，需要相当高的适配成本，如果只是在某一生产环节使用产业互联网的服务将花费超过收益的成本，为此，要求产业互联网的服务应当聚焦于为企业提供全产业链的"整体解决方案"，这也就要求产业互联网具有极强的定制化能力。

最后，产业互联网服务的技术成本高，大部分企业，尤其是中小企业对此望而却步。建立端到端的产业互联网解决方案需要消耗大量的技术和人力资源，并且需要长时间的开发和测试，这些技术成本和时间成本对于一些小型企业来说难以承受。以"黑灯工厂"的建立为例，"黑灯工厂"指的是通过智能化工厂作业，实现工厂无人化，对技术的要求包括低时延的5G边缘计算技术，视觉感知技术，自动化操作的工业机械臂、自动导引车等。小米

"黑灯工厂"项目的总投资额高达 6 亿元，这样的成本尤其对于中小企业来说是难以承担的。

因此，要想在产业互联网领域取得成功，需要在保护企业信息安全的基础上，加强数据共享和协作，加强产业互联网平台的定制化能力，降低技术成本，以适应数字化时代的发展趋势。

42. 产业互联网如何促进中小微企业的 数字产业化？

当今，产业互联网的快速发展催生了大量的综合型和集成型平台。这些平台可以为中小微企业提供数字化基础设施，包括云计算、大数据和人工智能等技术支持，帮助企业实现数字化转型和智能化升级。中小微企业借助这些技术可以更加高效地管理和分析业务数据，提高生产效率和质量，降低成本，优化资源配置。此外，产业互联网平台打破了传统产业的壁垒，促进了企业间的协同创新。中小微企业可以通过平台获取更多的合作机会，与上下游企业深度合作，共同开发新产品、新技术和新模式，提高整个产业的竞争力和创新能力。

与此同时，产业互联网的发展也依赖于中小微企业的贡献。每个产业互联网的行业、领域和模块都需要高度差异化和专业化的知识、经验和解决方案，以深耕和精进。这就需要大量细分的中小微企业在各自的行业领域中培养独特的、具有差异性优势的能力。它们是产业互联网最广泛且至关重要的参与者。因此，这些中小微企业需要与大平台形成联动。它们提供各个细分领域的专业数据、经验和技术，而大平台则进一步整合这些资源，以应对不同细分领域的复杂需求。中小微企业将成为大平台的生态伙伴，二者形成"能力叠加迭代"的良性互动体系，覆盖更多行业和领域，塑造更丰富的生态场景。以海尔集团的发展为例，海尔充分发挥了在家电行业的数字化制造能力，高效整合多个行业和场景的生态伙伴的专有能力，共同培育和探索新的商业模式。例如，海尔与厨师、食材商等多方生态伙伴合作，整合和模块化中小微企业的专业能力，开发出以北京烤鸭为代表的大师菜智慧菜谱，并与家电实现联动。基于这种良性互补关系，目前海尔的生态系统已经赋能食品、医疗、服装、交通等多个行业。

43. 数字金融如何助力实体经济数字化？

数字金融对实体经济最直接的影响是提升实体企业内部的融资能力和资本结构调整能力，有研究认为这种影响可能对中小企业和民营企业更为明显。因为数字金融能够提升金融机构获取和整合信息的能力，将企业生产、销售、物流等信息整合，帮助其完善信用评级体系，实现对中小企业的精准画像。因此能够有效削弱企业和金融机构之间的信息不对称，减少了信贷歧视的现象，也缓解了企业的融资约束。因此，提高数字普惠金融的普及度并推动数字金融生态体系的建立，能够增强实体企业调整资本结构的意愿，提升其对数字金融的依赖性，从内部推动企业信息化管理水平的提升。

数字金融推进实体经济数字化的另一外部途径是重塑供应链上下端的信息管理和资金流动模式。一方面，产业供应链中存在许多中小企业，常常面临应收账款资金占用的问题，其融资信用和安全问题是供应链金融的难点和痛点。而数字金融依托物联网、大数据、区块链、人工智能、云计算等数字技术，将资产交易情况数字化、透明化，对交易进行实时的、全方位的监控。因此在数字技术的应用之下，无论规模大小，无论是否与核心企业建立了供应关系，无论是否获得了增信与担保，产业链上、中、下游企业都可以获得金融服务。另一方面，金融科技技术能够简化整个供应链中的交易流程和交易手续，并且更加高效安全。例如大数据技术可以对供应商和经销商经营数据进行核对整理，人工智能技术可以对合同、单据、发票等重要文件进行图文识别，区块链技术可以实现关键信息的开放和安全。简言之，数字金融重塑了供应链金融的所有环节，降低了金融风险，为实体经济带来降本增效的效果，侧面推进供应链各环节企业自身的数字化管理水平的提升。

最后，数字技术与金融领域的结合不仅仅改变了原有的投融资模式，更进一步拓宽了金融机构的服务范围。一方面，越来越多的金融机构开始涉足电商、农业、手工艺品等领域，在产品生命的全周期参与品牌构建、渠道开拓与营销推广。另一方面，随着数字人民币在智慧政务、校企服务、金融消费等场景的创新应用不断扩大，创新了经济生活的支付方式和银商合作模式。这些金融机构与实体经济的深度融合举措从另一方面说明其已经直接参与到实体经济数字化的进程中，各类产业场景的金融服务会进一步驱动传统场景创新，成为实体经济数字化创新发展的重要一环。

44. 人工智能算力算法的升级对产业结构有何影响？

人工智能的算力和算法的升级对产业结构产生了深远的影响。首先，这些技术进步推动了生产力的提高和效率的优化。通过引入智能化的生产方式和自动化设备，各个行业能够降低生产成本，提高生产效率和产品质量。此外，人工智能技术的发展为传统产业提供了升级和转型的契机，使得许多行业能够实现数字化、智能化和网络化的发展。其次，人工智能技术的广泛应用也催生了新兴产业的诞生，比如自动驾驶汽车、智能家居、无人零售等。这些新兴产业为经济增长注入了新的活力，同时也为劳动力市场带来了新的就业机会。然而，这种技术进步也可能导致部分传统行业和职位被淘汰，因此，政府和企业需要关注这种变化，采取相应措施确保劳动力的再培训和再就业。最后，人工智能技术在数据分析和决策支持方面的应用也对产业结构产生了影响。借助大数据和机器学习等技术，企业能够更好地洞察市场趋势，优化产品设计和营销策略，提高核心竞争力。同时，这些技术也帮助企业实现更加精细化的市场定位和客户服务，从而推动产业结构向更高端和高附加值方向发展。

然而，人工智能的迅猛发展使得产业结构有进一步的转型和升级。以 ChatGPT 为例，这一划时代的大数据量训练的语言模型能够满足人的知识技能需求，导致各个产业以及相关从业人员也相应地开始变化。由于 ChatGPT 的功能足够强大，首先冲击到的是各个产业的就业结构。首先，ChatGPT 在客户服务、内容创作和数据分析等领域的应用，可能导致一些传统职位的减少。在客户服务行业，智能聊天机器人能够提供 24 小时不间断的服务，处理大量用户咨询，从而减轻了人工客服的工作量，进而可能导致一定程度的人员裁减。在新闻、广告和营销等行业，ChatGPT 可以高效地生成内容和文案，这可能对从事这些职业的人员产生一定的压力。其次，ChatGPT 提高了拥有技能和知识的人才的技能上限，ChatGPT 在高技能人才的工作领域中属于更高水平和效能的工具，它可以促进更有效地创新和生产，促进创新的更新迭代。

在就业结构调整之后，产业结构也随之会产生变化。首先，这种技术推动了生产力的提升，通过智能化和自动化的方式，企业能够提高生产效率，降低生产成本，进而实现经济规模效应。其次，ChatGPT 促进了产业升级，许多传统行业借助这一技术实现了数字化、智能化和网络化的转型，从而提高了产品质量和服务水平。此外，ChatGPT 催生了新兴产业和就业机会。例如，在内容创作、客户服务、教育培训等领域，ChatGPT 的应用为市场带来了新的商业模式和增长点。这些新兴产业为经济发展注入了活力，并为劳动力市场创造了更多的岗位。

尽管如此，各国对于 ChatGPT 的态度仍然是谨慎的，中美等国在 ChatGPT 发布之后的数月之内纷纷出台对于人工智能的监管的意见和法案。2023 年 7 月 10 日，中国国家网信办等七部门联合发布《生成式人工智能服务管理暂行办法》，以便于更好利用和监管 ChatGPT 等一系列人工智能模型。除此之外，业界对于 ChatGPT 的意见也不尽相同，微软公司与 OpenAI 在 Chat-GPT 一经发布之后就达成合作，将 ChatGPT 纳入微软 Bing 浏览器中作为插件之一，用以提高浏览器和搜索引擎的工作效能，同时在最新版本的 Windows 11 操作系统中，微软公司将 ChatGPT 集成到 AI 助手 Copilot 中以提升整个操作系统的智能化水平；而马斯克等人却一致呼吁要暂停对 ChatGPT 相关 AI 产品的研发。因此，在监管体系和治理体系没有完全适应技术发展时，Chat-GPT 能否真正地投入生产使用依然还需要进一步的验证。

综上所述，人工智能算力和算法的升级对产业结构产生了重要影响，包括推动生产力和效率的提升、催生新兴产业的发展，以及优化企业的市场决策和竞争力。这些变化为全球经济带来了新的机遇和挑战，需要各国政府、企业和社会各界共同应对和适应。

45. 为什么我国要持续推进产业互联网标准化的工作？

产业互联网的一大目标是通过构建统一的生态圈来实现不同系统、设备或生产链上下游各环节之间的协同服务。产业标准化的意义是实现可复制，这意味着各种服务的交易是高效且成规模的，因此标准化工作对于产业互联网的长远发展至关重要。产业互联网的标准化包括了数据的流通标准、平台架构的建设标准、企业的执行标准等，这些相关标准的规范化将从技术路线、产业体系、发展方向及行业规范等多方面影响整个产业互联网行业的发展。

与发达国家相比，当前我国的产业互联网标准体系仍亟待完善。现代信息技术和互联网产业瞬息万变，很多新的行业技术不断涌现，新的行业局势不断变化，需要根据实际情况不断调整标准体系，使之能够和优势技术、重点发展方向相匹配。而且产业互联网具有综合性、跨领域性等特点，原有的单一行业或领域的标准易造成交叉、重复和缺失等问题。因为当前我国整个产业互联网行业的关键技术标准、交叉领域标准都还存在一定的缺口，所以亟须围绕总体性—基础性标准、技术应用标准、安全标准等方面构建一系列规范来引导产业发展方向与国家战略相同步。除此以外，国际合作也是加强标准化工作的外在动力，在新发展格局下，产业的国际化也是畅通"双循环"的关键。为了加速与国际标准和规则对接，推动标准化工作显得尤为重要，在关键技术、重要技术领域达成共识，实现以合作促创新的目标。

我国推进产业互联网的标准化工作，不仅是当前产业本身发展阶段的内在要求，也是为了更好地发挥标准规范在技术引领、可持续发展和安全保障方面的作用。首先，产业标准能够凝聚行业共识，在技术成果的总结提炼与迭代优化中，产业标准能够协调形成产业界普遍接受的技术路径和成果，为规模化和提升生产效率奠定坚实基础。其次，产业标准能够促成技术成果的转化，提升产业竞争力。譬如在技术和系统支持领域的标准化，既能够适应行业外部 5G、人工智能、区块链等新兴技术发展的挑战，又能够满足企业提升产品和服务的需求。再次，产业标准能够深化行业管理，实现可持续发展。例如，行业业务流程的标准化能够实现单一企业内部的降本增效和风险控制，也能够加强产业链上、中、下游配套协同，提升产业间融合发展效率。最后，标准化也是促进产业安全的技术保障。以标准立标尺，明晰产业发展范式，产业标准化才能减少行业企业无序生产、违规生产的乱象，因此在产业互联网时代标准化对于护航产业发展的意义更加明显。

46. 产业互联网数据安全的挑战与 风险主要在哪些方面？

随着我国互联网应用的快速落地和产业的不断扩大，我国数据安全行业相对薄弱的基础不容忽视。首先表现在安全行业上游的硬件和软件产品存在研发和制造能力欠缺的风险，比如我国所采用的关键芯片多出自英特尔、英伟达、高通等美国厂商，随着世界局势的复杂性和不确定性增加，数据安全产业链的上游供给可能受到钳制。其次则是相关人才的短缺以及培养体系尚未完善，因为我国企业中许多数据安全岗位由网络安全人员兼职，专业数据安全人才供需缺口大。最后则是我国数据安全行业市场机制尚未完善，要素自由交易和流动的环境仍亟待改善。因为数据安全支出意味着成本增加，许多企业并没有动力自主进入数据安全市场，有相关研究表明，我国数据安全市场需求主体以政府机关和电信、金融行业为主，民营经济活力尚有欠缺，因此拉动市场要素自由配置的需求端动力不足，对于价值链良性循环和市场规模发展存在阻碍。

随着数据价值被更多地认识到，针对数据的全球网络攻击威胁日渐上升，尤其是那些高价值、高敏感的数据信息。近些年，政务、医疗及尖端科技等高价值、特殊敏感数据受到的攻击次数不断增加，成为了数据泄露的重灾区。同时具有政治背景的境外黑客逐渐加大对我国关键信息基础设施攻击力度，试图获取我国机密重要数据。因为大数据采用分布式的方式进行存储，路径视图相对清晰，黑客能够较为轻易地利用相关漏洞，实施非法攻击，造成安全问题。

而在用户端方面，互联网平台对个人信息的采集和滥用具有数据垄断地位，甚至导致电子商务、社交等领域的用户数据发生泄露事件。当前，产业互联网平台的众多业务都依赖数据这块基石，商业推广和营销、用户反馈与提升黏性、产品迭代与升级、生产的管理与联通等场景都极度依赖海量的数据收集、追踪和整理。可以说数据已经成为了产业互联网平台企业发展和盈利的核心引擎，也成为了其追逐的商业目标。基于此，个人用户信息滥采滥用、数据垄断乱象频发等数据安全风险不断提升，甚至产生个人数据的"灰色交易"，导致骚扰电话、大数据杀熟、垃圾邮件等问题出现，对个人人身、财产、生命安全造成了极大危害。

从国际角度而言，数据跨境流动既面临其他国家和地区的激烈竞争，也可能带来国家安全隐患。在大国博弈持续加剧的今天，数据作为重要的生产要素和战略资源成为各国竞争的重点对象。一方面，部分国家在数据安全领域对我国不断施压，例如2020年多国以安全原因为借口联合对 TikTok 进行调查和限制，不断削弱我国以数据为驱动的新兴技术领域的竞争优势；另一方面，数据日益频繁的跨境流动带来了潜在的国家安全隐患，增加了数据被外国政府获取的风险。

47. 数字经济对知识产权保护
提出了哪些挑战？

　　随着数字经济不断发展，新型权利主体和侵权方式不断涌现。知识产权保护面临新的困境和挑战。

　　从知识产权制度本身而言，著作权和专利制度受到挑战。针对著作权，网络平台使盗版行为成本低廉化、隐蔽化，在线侵权频频发生而难以有效遏制。针对专利制度，数字经济发展催生了新业态、新产品、新服务，也为知识产权保护创造了新客体，如何为数字经济发展保驾护航成为数字知识产权保护中的难题。数字技术的广泛应用也导致低质量专利申请增加，加重了专利审查积压问题。[①]

　　从知识产权保护方式而言，保护难度较高。在保护方式上，数字经济常常表现出跨领域、跨平台、跨部门等特点，这要求知识产权保护需要变革传统的制度和保护方式，不能依靠单一部门和渠道的力量，而应当实现融合式保护。在效率层面，数字经济快速发展，而知识产权的保护效率却难以与之匹配，一定程度上阻碍了数字经济发展和企业创新。一方面，企业从申请专利到最终获得专利授权的周期较长；另一方面，企业间的知识产权纠纷

[①] 王华、阳维、金明浩：《企业高价值专利培育影响因素和路径优化研究——基于双案例分析》，《中国发明与专利》2022 年第 12 期。

诉诸行政和司法途径的流程较长。知识产权保护效率较低，无法回应数字经济发展的新关切、新需求。

从知识产权保护的配套设施而言，法治建设不到位。数字经济尚处于蓬勃发展阶段，相关的法律纠纷不断增加，截至2020年10月，数据相关的诉讼案件已经超过2019年全年总和①，这对知识产权的司法保护提出了更高要求。实践中出现的新问题与相对滞后的法律制度之间的矛盾成为知识产权保护的新挑战。在立法层面，现行法律法规难以完全涵盖和准确捕捉数字经济发展的需求和问题，数字经济专门立法还存在空白，法律漏洞和立法滞后使得知识产权侵权行为有机可乘。在司法方面，法院尚未对数字经济的权利主体、侵权界定、保护方式等形成共识，既造成司法实践中难以有效保护知识产权，不利于促进企业创新，又容易导致"同案不同判"，损害司法公正。

48. 政府如何应对产业数字化转型？

政府在应对产业数字化转型方面发挥着关键作用，需要采取一系列措施推动产业发展、提高经济效益、保护公共利益并应对可能的社会影响。

---

① 秦元明：《数据产权知识产权司法保护相关法律问题研究》，《人民法院报》2021年4月29日。

（1）制定战略规划和政策支持

政府在应对产业数字化转型过程中，需要制定长远的战略规划。这意味着，政府要明确产业数字化转型的目标、阶段性任务和发展路径，确保各项政策措施的协同和持续性。为此，政府需要深入研究全球发展趋势、国内产业现状和未来发展潜力，形成全面、系统、有针对性的政策体系。通过政策支持、税收优惠和资金投入，政府可以创造有利的投资和发展环境，激发企业的数字化改造积极性。例如，政府可以实施产业扶持政策，引导资金流向关键领域和产业链上下游，促进产业集群和创新生态的形成。此外，税收优惠和财政补贴也是鼓励企业进行数字化改造的有效手段，有助于降低企业负担，提高竞争力。

政府还应积极参与国际合作，借鉴其他国家的成功经验，推动产业数字化转型的国际交流与合作。这包括与其他国家分享政策理念、技术创新和人才培养等方面的经验，加强多边合作平台的建设，共同应对全球性挑战，如数字鸿沟、数据安全和知识产权保护等问题。通过国际合作，政府能够更好地整合全球资源，提高产业数字化转型的效率和质量。

（2）培育数字化人才

政府在数字化转型过程中需要高度关注数字化人才的培养，这对于推动产业升级和发展具有重要意义。

首先，政府需要加强与企业、院校之间的合作，共同制订人才培养战略和计划。通过产学研一体化的合作模式，整合各方资源，打造适应产业需求的人才培养体系。这既有助于提高人才培养质量，也能有效缩短人才培养周期。

其次，政府应加大对教育和培训领域的投入，以确保社会具备足够的数字化人才储备。这包括对基础教育、职业教育、高等教育等各个层次的投入，以及对数字技能培训、在职培训等多种形式的支持。政府可以通过提供优惠政策、财政补贴等方式，鼓励教育机构和企业开展数字化人才培训。

再次，政府还需关注产业转型带来的就业结构变化。在数字化转型过程中，部分传统行业的就业岗位可能会受到冲击，因此政府需要加强对失业人员的培训和再就业支持。通过提供职业培训、技能提升等服务，帮助失业人员掌握新技能，顺利实现职业转型。

最后，政府还应关注引进和留住数字化人才。通过制定人才优惠政策，如税收减免、住房补贴等，以吸引更多优秀的数字化人才。通过完善人才激励机制，为他们提供良好的职业发展和生活环境，确保人才能够留在产业发展的前沿。

（3）加强基础设施建设

政府在推动数字化转型过程中，有责任加大对基础设施建设的投入。这包括互联网、大数据、物联网和人工智能等关键领域的发展，因为这些领域的基础设施直接决定了数字化转型的速度和效果。通过提高网络覆盖率、提升网络速度、优化数据中心建设等措施，政府可以为企业和个人提供更好的数字化服务，降低数字化转型的门槛。

同时，政府在加大基础设施建设投入的过程中，需要特别关注数字鸿沟问题。数字鸿沟是指不同地区、不同收入阶层、不同年龄段人群在数字化水平上的差距。这种差距可能会导致资源分配不均和发展机会不平等。为了缩小数字鸿沟，政府需要积极推动城乡、区域之间的数字化发展均衡。具体措施可以包括提高农村和欠发达地区的互联网普及率，建设偏远地区的通信基站和光纤网络，为贫困地区提供优质的数字化教育资源等。此外，政府还可以通过扶持政策，鼓励企业和社会组织参与数字化基础设施建设，以提高各地区的数字化水平。

（4）保护数据安全和隐私

数据安全和隐私问题日益成为公众关注的焦点。在这个过程中，政府肩负着重要责任，需要采取多种措施来保障数据安全和个人隐私。

首先，政府应当制定和完善数据安全与隐私保护的法律法规体系。这包括明确数据收集、存储、使用和传输等方面的合规要求，确保企业和个人在数字化转型过程中遵循相应的法律规定。通过建立完善的立法体系，政府可以为数据安全和隐私保护提供有力的法治支撑。

其次，政府需要加强对企业的监管和执法力度，确保个人信息不被滥用。包括定期进行数据安全和隐私保护的专项检查、严格执行罚则、公开曝光违法行为等。政府还应设立专门的数据保护监管机构，负责对企业的数据安全和隐私保护工作进行监督管理。

最后，政府还应与企业、民间组织等各方建立紧密的合作关系，共同营造一个安全、健康的数字化发展环境。这包括加强信息共享、提升公众对数据安全和隐私保护的认识、推广最佳实践等。通过携手合作，各方可以共同应对数据安全和隐私保护的挑战，确保数字化转型过程中的风险得到有效控制。

第三篇

消费互联网

消费互联网，是指通过互联网技术和平台为消费者提供商品和服务的商业模式。消费互联网的核心是一个数字化的中介平台，实现供需双方的高效匹配和交互。利用网络效应、规模经济等因素，降低交易成本、提高资源利用率，从而促进整个生态系统的繁荣发展。随着科技的不断发展和互联网的普及，消费互联网在人们生活中扮演着越来越重要的角色。同时，消费互联网的治理也成为一项至关重要的课题，涉及数据管理与合规、知识产权保护、竞争秩序维护以及跨境合作与监管等方面。政府、企业和社会各界应共同努力，确保消费互联网的有序、健康、可持续发展。

49. 什么是消费互联网？

消费互联网，顾名思义，是指以消费者为主体的互联网应用和服务。它是一个相对于传统的生产型互联网和企业型互联网的概念，主要关注为个人用户提供商品、服务和信息的在线平台。消费互联网的典型特征包括个性化、社交化、移动化、娱乐化等。消费互联网的核心是一个数字化的中介平台，实现供需双方的高效匹配和交互。利用网络效应、规模经济等因素，降低交易成本、提高资源利用率，从而促进整个生态系统的繁荣发展。

过去几十年，消费互联网在各行各业蓬勃发展，代表性的平台包括：(1) 信息平台。用户可以通过消费互联网平台获取各种信息，包括新闻、社交、娱乐等内容。微博、今日头条等都是信息获取的典型平台。(2) 电商平台。消费互联网使得用户能够方便、快捷地购买商品和服务。电商平台如淘宝、京东等，以及许多品牌的官方网站和应用程序都可以让用户在线选购各类商品。(3) 社交平台。消费互联网为用户提供了丰富的社交场景和功能，如微信、QQ 等即时通信工具，以及陌陌、探探等交友应用。（4）娱乐平台。消费互联网为用户提供了各种在线娱乐方式，包括视频、直播等。例如，哔哩哔哩、斗鱼直播等。（5）支付平台。消费互联网的发展也推动了在线支付的普及，如支付宝、微信支付等，使得线上购物、线下消费变得更加便捷。（6）共享经济平台。消费互联网催生了共享经济的发展，如共享单车、共享汽车等。滴滴出行等应用便是典型的共享经济案例。

50. 消费互联网有哪些运营模式？

消费互联网是指在互联网基础设施上，以人们的消费需求为核心，通过互联网技术提供各种商品和服务的商业模式。消费互联网的运营模式多种多样，根据交易主体进行分类，最主要的是 B2C 模式、C2C 模式。根据交易场景进行分类，最主要的是 O2O 模式。根据收费手段进行分类，最主要的是 Membership 模式和 Free 模式。

（1）B2C 模式

B2C（Business to Customer）模式是指企业直接向消费者销售商品或服务的商业模式，是目前电子商务发展最为成熟的模式之一。在 B2C 模式中，企业通过自己的电子商务平台直接向消费者销售商品或提供服务。以中国为例，典型的 B2C 模式企业包括京东、淘宝、天猫等。这些企业通过大规模的广告宣传、丰富的商品品类、快速的物流配送等吸引消费者，满足消费者的购物需求。此外，B2C 模式还有一些变种，如 B2B2C 模式和 C2B2C 模式。B2B2C 模式是指品牌商和电商平台合作，通过平台向终端消费者销售产品。例如，小米在京东上销售产品，就是 B2B2C 模式。C2B2C 模式是指消费者向品牌商提供产品或服务，然后品牌商通过电商平台向其他消费者销售这些产品或服务。例如，知名的设计师在电商平台上销售自己设计的商品，就是 C2B2C 模式。

（2）C2C 模式

C2C（Customer to Customer）是指消费者之间直接进行商品或服务交换的商业模式。在 C2C 模式下，企业提供一个平台，消费者可以在平台上发布出售商品的信息，也可以在平台上搜索购买其他消费者出售的商品。典型的 C2C 模式企业包括转转、闲鱼等。C2C 模式通过提供一个可信赖的交易平台，促进消费者之间的商品或服务交换，其优势在于降低了商品交易的成本，同时也为消费者提供了更多选择。此外，C2C 模式还可以带动社区经济的发展。例如，一些小区或社区内部可以建立自己的 C2C 交易平台，促进邻里之间的交流和交易。

（3）O2O 模式

O2O（Online to Offline）是指在线上平台寻找商品或服务，然后到线下门店进行购买或消费的商业模式。O2O 模式既可以是消费者主动在线上搜索商品，然后到线下实体店购买，也可以是在线上平台预订商品或服务，然后到线下门店消费。典型的 O2O 模式企业包括美团、大众点评等。这些企业通过线上平台提供商品或服务信息和优惠，吸引消费者到线下门店进行消费。除了美食、购物等服务外，O2O 模式还可以应用到其他领域，包括教育、旅游、医疗等。例如，在线旅游平台提供线上预订酒店等服务，消费者到线下实体店完成入住，就是一种 O2O 模式。

（4）Membership 模式

Membership 模式是指通过向用户收取会员费用，提供高品质、定制化的商品和服务的商业模式。典型的 Membership 模式企业包括亚马逊 Prime、京东 Plus、腾讯视频等。Membership 模式可以提高用户忠诚度，并为企业带来稳定的收入流。

（5）Free 模式

Free 模式是指通过向用户提供免费服务或商品，然后通过其他方式获得收入的商业模式。典型的 Free 模式企业包括谷歌、脸书、抖音、微信等。这些企业通过免费提供搜索、社交、即时通信等服务，然后通过广告收入等方式获得盈利。

总体而言，消费互联网运营模式的发展是不断变化和创新的，企业需要根据自身情况和市场需求选择适合的运营模式。同时，消费者也需要根据自身需求和消费习惯选择适合自己的消费互联网平台。

51. 消费互联网的产生背景及演变历程是什么？

消费互联网的产生背景及演变历程可以分为以下几个阶段。

互联网诞生与发展初期（20 世纪 90 年代）：互联网的诞生源于美国国防部高级研究计划管理局开发的阿帕网（ARPAnet）。随着技术的发展，互联网开始向商业领域拓展，为消费互联网的产生奠定了基础。在这个阶段，搜索引擎（如谷歌、百度）和门户网站（如雅虎、新浪）开始兴起，为用户提供信息获取和沟通的基础服务。

Web 2.0 时代（2000 年左右）：随着互联网技术的进一步发展，社交媒体（如 Facebook、人人网）、博客和在线论坛等平台开始兴起，使得用户不仅能够获取信息，还能够创造和分享内容。此外，电子商务（如亚马逊、淘宝）也在这个阶段得到了快速发展。

移动互联网时代（2010 年左右）：智能手机的普及使得互联

网的使用场景发生了重大变革。移动互联网的兴起，推动了一系列移动应用程序（App）的诞生，如微信、支付宝、滴滴出行等。这些应用极大地丰富了消费者的生活，带动了移动支付、共享经济等新兴产业的蓬勃发展。

人工智能与大数据时代（2010—2020年）：互联网技术的发展为大数据和人工智能提供了基础。在这个阶段，各类消费互联网企业开始大量利用大数据和人工智能技术，为用户提供个性化、智能化的服务。例如，推荐算法使得在线购物平台能够为用户推荐合适的商品；自动驾驶技术为出行提供了更加智能的选择。

百花齐放时代（2020年至今）：这个时代是消费互联网百花齐放的阶段，关键领域包括物联网和5G、数字货币与区块链等。物联网（IoT）是指通过互联网将各种物品连接起来的技术。5G网络的推广普及为物联网提供了高速、低延迟的基础设施，将极大地推动物联网应用的发展。在这个阶段，消费互联网将更加深入地渗透到人们的生活中，如智能家居、智慧城市等领域。此外，边缘计算和云计算技术的发展也将为消费互联网提供更加强大的计算支持。区块链技术和数字货币的兴起为消费互联网带来了新的支付方式。数字货币如比特币、以太坊等已经在部分消费场景中得到应用。区块链技术在确保交易安全、提高支付效率等方面具有很大潜力，有望为消费互联网带来更多创新。

52. 消费互联网对传统产业产生了什么影响？

消费互联网，是指通过互联网技术和平台为消费者提供商品和服务的商业模式。随着互联网的普及和发展，消费互联网已经深刻地改变了传统产业的运作方式，对各个领域产生了广泛影响。

（1）优化资源配置、提高社会效率、降低准入门槛

首先，消费互联网通过互联网技术的应用，提高了信息的传递速度，缩短了企业与消费者之间的距离，大幅降低了交易成本。例如，购物网站使消费者在家即可购买到所需商品，节省了购物时间和成本。其次，消费互联网通过大数据、云计算等技术，有助于企业优化资源配置，提高生产效率。例如，物流行业通过互联网技术优化货物配送路线，降低运输成本。最后，消费互联网的发展降低了传统产业的市场准入门槛，使得更多创业者有机会进入市场。例如，开设实体店需要投入较大的资金，而通过网络开设网店的成本相对较低，从而吸引更多的创业者加入。

（2）产业转型升级、助力产业融合

消费互联网的发展促使传统产业不断创新，以适应数字化时

代的发展。例如，传统零售企业通过开设线上商城、推出移动购物 App 等，实现线上线下融合，提高销售渠道的多样性。此外，消费互联网推动了不同产业的融合，促使传统产业向更高附加值的方向发展。例如，互联网金融的发展使得金融服务更加便捷，智能家居的发展使得家电行业与互联网产业结合，提高了产品的附加值。

（3）创新商业模式、助长商业生态

消费互联网催生了许多新的商业模式，包括共享经济、直播经济等。例如，共享单车通过提供便捷的出行方式，改变了传统自行车产业的商业模式。消费互联网促使企业建立起跨行业的生态系统，实现产业链的整合。例如，阿里巴巴集团涵盖了电商、支付、物流、云计算等多个领域，形成了一个庞大的商业生态系统。

（4）释放数据价值

消费互联网使得企业能够获取大量的用户数据，通过数据分析优化产品和服务，提高竞争力。例如，电商平台可以通过用户购买记录和浏览行为，为其推荐合适的商品。消费互联网平台还利用人工智能和机器学习技术，通过对大量数据的分析和挖掘，提供更高效的服务，例如自动化的客户服务。消费互联网促进了数据价值的释放，不仅提高了业务效率，也改善了用户体验。然而，随着数据使用的增加，保护用户隐私和数据安全的问题也变得日益重要。因此，消费互联网公司需要在释放数据价值的同时，注重数据的合规性和安全性。

53. 什么是平台经济？

顾名思义，平台经济就是在"平台"上发生的经济行为。在平台经济中，平台不仅是经济活动的载体，更决定了平台经济的特征。平台经济中的"平台"除了"载体"作用外，更核心的是"中介"作用。事实上，从经济演进的历史看，"平台"经济可以理解为传统"中介"经济的去人格化发展，而互联网平台则可以理解为"集市"的线上化发展。

信息技术革命前，传统经济以单边市场为主，以生产环节为联系、以供应链模式运行。企业都是作为供给方，满足下游的产品需求，层层加工，直至产品最终传递到消费者手中。发生市场交易的双方之间直接交易，单边市场中的生产者进行专业化分工，产品本身能否满足消费者需求是生产者最关心的问题。然而，随着人口规模增大，人们交易的商品越发丰富，"货比三家"很难由独立的消费者完成。此时，专业的中介出现，他们收集分散在各处的商品信息和买家需求，成为负责信息匹配、连接买卖双方的特殊群体。中介不只和买方或卖方的其中一方联系，初步显现出"多边"的特征。但中介不仅存在主观性、道德与能力的局限，而且不能满足日渐增长的交易需求。于是，一些同时具备足够多的交易对象，满足稠密性、能够撮合交易完成匹配，满足匹配性、能够克服信息不对称，满足安全性的行业，逐渐形成市场，如传统的集市、圩，通过将买卖双方固定聚集到同一空间来完成信息的聚集和匹配。除了商户和客户，这类市场往往还会吸引到其他配套设施提供者，如承担运载功能的脚夫，成为所谓的"多边市场"。随着20世纪末互联网技术的发展，线上平台打破了空间限制，于是成规模、面向多边市场的"平台经济"正式登上历史舞台。

平台面对不同类型的用户，这些需求不同的客户群体能够接入平台进行互动：当报社不止售卖报纸杂志，也售卖报纸杂志上的广告位时，它们面向的就是多边市场。"网络效应"是平台的核心特征，多类用户在平台上互相影响、彼此吸引，便是网络效应的体现。平台的核心服务和中介一样，都是对信息的匹配；因此，平台掌握的信息越多，平台的"含金量"也就越大。以电商平台为例，电商平台上注册的消费者越多，意味着在平台上开店的销量可能增长，于是会吸引新的商户入驻；同理，新的商户入驻又能提高平台上商品的丰富度，吸引新的消费者；与此同时，用户众多的电商平台能够积累丰富的信息匹配经验，更新推荐算法，改善用户体验，从而让潜在用户对平台产生信任，吸引新用户。这种利用平台内用户的相互依赖，或直接、或交叉的"吸引"如同织网一般向外扩张，包罗越来越多的新用户的特征，也就是我们所说的"网络效应"[1]。此时，产品本身不再是平台关心的对象，平台往往通过主导发布、处理、交换信息，调整对用户的定价结构（如补贴消费者、补贴商家抑或是补贴广告商）改变交易量，从平台上的各方互动中获得利润。

在云计算、人工智能、大数据等技术的驱动下，数字经济逐渐发展，社会的数字化进程逐步推进，要求平台经济在新时代又有了新的发展。截至目前，平台经济经历了消费型平台（双边平台）[2]、生产型平台（产业平台）[3]到平台生态[4]的演变。

54. 如何理解平台的网络效应？

在经济学中，网络效应（Network Effect）也被称作"网络外部性"（Network Externality）或者"需求侧的规模经济"（Demand-side Economies of Scale）。它指的是这样一种经济现象：即用户从商品或服务中获得的价值或效用取决于使用该产品的用户数量。换句话说，网络效应是指当越来越多的人使用

① Armstrong M., "Competition in Two-Sided Markets", *The RAND Journal of Economics*, 2006, 37 (3), pp.668–691.

② Rochet J. C., Tirole J., "Platform Competition in Two-Sided Markets", *CPI Journal*, 2014.

③ Gawer, Cusamano M. A., "Platform Leadership", *Harvard Business School*, 2002.

④ Rong K., Lin Y., Li B., et al., "Business Ecosystem Research Agenda: More Dynamic, More Embedded, and More Internationalized", *Asian Business & Management*, 2018, pp.1–16.

某个产品或服务时，该产品或服务会变得更有价值，因为它的效用与使用者的数量成正比。这种网络效应可以进一步分成两个维度，也就是当额外一单位用户又使用了某个产品时，一方面，所有其他正在使用该产品的用户的效用会增加（总效应）；另一方面，所有其他还未使用该产品的用户的使用动机会提升（边际效应）[1]。

第一种效应（总效应）非常容易理解，例如对于搜索引擎这种产品来说，当许多用户输入同一个特定的关键字时，为该关键字收集的反馈数据量就会增加。搜索引擎会从用户在搜索结果页面上的点击行为了解用户期望得到的搜索结果，从而提高搜索质量，使每一个用户的搜索结果都更为精确，从而形成网络效应[2]。第二种效应（边际效应）则在我们的日常生活中能够得到直接体现，例如，当你的朋友都在使用某一款即时通信软件来进行联系和聊天时，你也大概率会接入该软件。一方面，在该软件上显然会比其他软件更容易找到你的朋友；另一方面，多数人的选择可能在一定程度上反映出该产品的质量较高，让你认为这种选择是"正确"的。

进一步地，网络效应可以分为单边网络效应和双边网络效

① Shapiro, C. and Varian, H. R., *Information Rules: A Strategic Guide to the Network Economy*, Harvard Business Press,1999.

② Schaefer, M. and Sapi, G., "Learning from Data and Network Effects: The Example of Internet Search", *SSRN Working Paper No*. 3688819, 2020.

应。单边网络效应是指一个产品或服务的价值仅受到一个群体的使用量的影响，例如，电子邮件服务仅仅需要用户之间互相发送邮件来联系，因此也仅受到发送邮件的用户数量的影响。双边网络效应是指一个产品或服务的价值受到两个或更多群体的使用量的影响，这种效应通常普遍适用于平台，例如电商平台和网约车平台等。在这些市场上，一个群体的数量增加，可以增加其他群体的参与和互动，从而进一步增加产品或服务的价值，即卖家越多买家越多，买家越多卖家也越多。例如，在电商平台上，更多的商铺可以为消费者提供更多的选择，从而吸引用户在该平台上进行消费；更多的消费者也意味着更多的商机，从而吸引卖家入驻到这样的平台上。

55. 什么是数字时代的头部效应和长尾效应？

一个多世纪前，意大利经济学家帕累托发现，不少国家的财富都服从一个有趣的分布规律：少数的人口掌握着多数的财产。这一规律以"二八定律"被人们所熟知，即20%的人口掌握着80%的财富。这一分布规律也被广泛应用于许多其他领域，但无论用于描述什么，其含义都是类似的：大多数的资源和机会被少数主体所掌握。这也正是所谓的"头部效应"。

在互联网经济的诸多形态中都可以观察到"头部效应"的存在：曾经色彩缤纷、竞争激烈的共享单车市场最后只剩下几种颜色；在以争夺注意力为核心的媒体平台上，排行前列的热搜占据了绝大多数的浏览量；电影小说网文市场中，往往存在几个人尽皆知的热门 IP。无论是哪个行业或者领域，只要能成为"头部"，就可以获得高额的市场曝光机会和不菲的利润。

究其原因，人们的网络使用习惯和平台的推送机制造就了资源集中的"头部"。以微博为例，许多人点开微博时并没有特定的想要获取的信息，只是为了填补自己碎片化的时间。由于浏览的行为目的性较弱，用户往往会接受平台的热门推荐，或是直接点开热搜排行榜选取前几条进行浏览。这就使本已高居排行榜前列的话题得到更多的曝光机会，形成稳定的"头部效应"。在许多类似的社交媒体上，我们都能观察到类似的现象：一天之内排名前十的话题讨论占据了当日绝大多数的流量。

与"头部效应"截然相反的是近年来风靡一时的"长尾效应"。比起聚焦于数量稀少、占尽资源的"头部"，"长尾效应"更关注头部后面那条长长的"尾巴"，即一些关注度较少、缺乏资源优势的产品、商家或者话题。这些主体单个来看受众范围都较小，盈利空间不足，但是相比于数量极少的头部，它们的数量却非常庞大。如果能将这些分布在"尾部"的需求全部累积起来，它们就能形成相当庞大的总需求。整合起零散的、个性化的需求从而创造盈利空间可观的市场，这就是"长尾效应"。

2004 年，美国《连线》杂志主编克里斯·安德森（Chris Anderson）提出了"长尾理论"，用于描述亚马逊（Amazon）和网飞（Netflix）等平台的经营模式。其中，网飞创造了一个包罗万象的非热门电影、电视剧市场，获得了庞大的商业利益。无独有偶，视频网站哔哩哔哩（Bilibili）通过集合丰富的非热门动漫资源，一步一步将自己打造成了以二次元文化为主体的、时下最火爆的亚文化社区。

充足的案例可以证明，无论是成为"头部"还是整合"尾部"，二者都是可行的商业策略。但这两种策略也都面临着相应的成本：成为"头部"固然有非常稳定的曝光和收益，但却需要较高的投放成本和补贴以在竞争中赢得用户；反之，将目光放在长长的"尾部"上虽然不需要参与激烈的竞争，却需要花更多的资源和精力来搜罗小众的需求并将其整理在一个平台上。无论想要把握哪种商机，都需要通过权衡成本和优势来找到自己的立足之地。

56. 为什么很多互联网商品和服务是免费的？

谚语常常告诫我们：天下没有免费的午餐。然而在数字经济中，我们似乎每天都在享受免费或廉价的商品和服务：上班路上，为我们导航的线上地图是免费的；工作过程中，遇到的困惑我们可以通过免费的搜索引擎和数字百科来解决；工作之余，我们在社交媒体上分享生活、发表观点同样不需要支付任何费用。

然而，可能没有被我们注意到的是，一些"费用"的支付都在悄然之间发生了。在使用线上地图时，我们的全球定位系统（Global Positioning System，GPS）位置数据已经被供应商悉数获取；在使用搜索引擎时，我们在网页上的所有行为（搜索、点击、停留和关闭等）都被其仔细捕捉，用来提升服务的质量和盈利能力，甚至与电商平台联动，在网页的显眼位置放置你"刚好"需要的商品推荐；在使用社交媒体时，我们发布的每一段文字也都被平台收集并利用算法进行文本分析，从而对每一个用户建立起多维度的丰富画像，你的爱好、性格甚至消费能力都被平台充分掌握。

简言之，"天下没有免费的午餐"在数字经济中仍然成立，其机理就是：我们在用自己的数据交换数字产品和服务。

那么，这些没有标价的商品究竟价值几何？布伦乔尔森和科利斯（Brynjolfsson 和 Collis，2019）① 提出了这样一个问题：假如让你放弃一个月的谷歌搜索使用权限，交换条件是付给你 10 美元，你可以接受吗？如果不能，那 100 美元怎么样？或者 1000

---

① Brynjolfsson, E. and Collis, A., "How Should We Measure the Digital Economy", *Harvard Business Review*,2019,97，pp.140–148.

美元呢？同样的问题也适用于其他的数字产品和服务：如果你放弃对维基百科的访问，又需要付给你多少钱？这些问题的答案，就构成了消费者的接受意愿（Willingness to Accept，WTA），即接受失去商品使用权所需的补偿金额。

基于此，布伦乔尔森等（2019）[①] 利用线上调研的方法估计了 2017 年美国互联网用户的 WTA 中位数，结果显示搜索引擎（17530 美元）是最有价值的数字商品类别，其次是电子邮件（8414 美元）和数字地图（3648 美元）。这些类别没有可比的线下替代品，大多数人都认为它们在工作和日常生活中不可或缺。而即使用户需要为某些服务付费，以上情形也不会发生太大变化。例如视频流服务（如 YouTube 和 Netflix）的 WTA中位数为1173 美元，某些用户也确实会为其中的部分服务付费，但价格仅为每年 120—240 美元——接受意愿是实际支付金额的5—10 倍。这些接受意愿的估计值，既是免费数字商品的实际价值，也在一定程度上反映了我们在使用过程中所付出的无形的"代价"。

---

① Brynjolfsson, E., Collis, A. and Eggers, F., "Using Massive Online Choice Experiments to Measure Changes in Well-being", *Proceedings of the National Academy of Sciences*, 2019, 116（15）, pp.7250–7255.

57. 人们为什么会选择去多个平台消费?

随着互联网的普及和发展,越来越多的消费者选择在多个平台上进行消费。这种趋势可以归因于多种因素。

首先,多平台消费获得了更大的选择空间。互联网技术的快速发展使得人们可以轻松访问和比较各种不同平台上的产品和服务。通过在多个平台上购买,消费者可以享受更多的选择,找到最适合自己需求的产品,并能够获取更好的价格和优惠。例如,一个人可能会在一个电子商务平台上购买服装,在另一个平台上订购食品,并在其他平台上寻找旅游和娱乐活动。这种多平台消费的选择性使人们能够满足更广泛的需求和个性化的消费偏好。

其次,多平台消费可以获得更好的服务体验。不同的平台在产品质量、物流速度、售后服务等方面可能存在差异。通过在多个平台上消费,人们可以根据自己的需求和体验偏好来选择最合适的平台。例如,一个人可能会在一家电商平台上购买日常用品,因为该平台提供了快速的配送服务和良好的售后保障;而在另一家专业的美妆平台上购买化妆品,因为该平台提供了更丰富的产品选择和专业的美妆建议。通过在多个平台上购物,人们可以获得更优质的服务和更好的购物体验。

再次,多平台消费可以降低风险和增加安全感。在数字时代,网络安全和隐私保护是人们关注的重要问题。通过在多个平台上进行消费,人们可以分散风险,降低遭遇网络欺诈和数据泄露的概率。此外，多平台消费还可以增加消费者的安全感和信任感。如果某个平台出现问题或不符合期望，消费者可以轻松地转向其他平台，而不会完全依赖于单一的供应商或服务提供商。

最后，多平台消费也与社交媒体和个人品牌建设密切相关。社交媒体的兴起和普及使得人们更加注重展示自己的生活和品味。通过在多个平台上消费，人们可以展示自己的多样性和独特性，塑造个人品牌形象。例如，一个时尚爱好者可能会在不同的社交媒体平台上分享自己的穿搭风格和购物心得，展示自己对时尚的独特见解和品味。多平台消费可以成为人们构建个人品牌和社交认同的一种方式。

58. 什么是信息茧房？

"信息茧房"（Information Cocoons）又称网络茧房，由美国哈佛大学法学院教授凯斯·R.桑斯坦（Cass R. Sunstein）在他的著作《信息乌托邦：众人如何生产知识》中提出。具体是指："由于人们对信息的需求十分有限，只会选择性地接触、吸收和记忆信息，从而形成的信息过滤现象。"

信息茧房现象源于信息需求和信息供给两个方面。在信息需求方面，虽然互联网提供了不同圈层、不同形态、不同观点的海量信息，但是由于信息量的超载，注意力有限的公众只能选择偏爱的信息领域，接触立场一致的人，看想看的内容，听想听的声音，每个人都为自己定制了一份"我的日报"。时间一长，就形成了一个仅能容纳相同意见的"回音室"，其结果必然是作茧自缚，闭目塞听。

在信息供给方面，网络平台同样起到了推波助澜的作用。为了更好地满足用户的需求，平台软件往往会收集用户的使用数据，从而更精准地推送用户喜爱的内容。比如，如果你认为物价会上涨，那么平台便迎合你更多地推送物价会上涨的文章。因此，平台不仅没有帮助用户克服信息茧房效应，反而通过算法推荐等常用手段，进一步窄化了用户接收的信息。

信息茧房不仅仅是一种信息过滤现象，它还会对社会产生深远的影响。一个直观的影响便是促使了社会群体的"极化"。常言道，"兼听则明，偏信则暗"。在信息茧房的作用下，具有不同观点的人们容易形成观点对立的不同社会群体。这种社会群体极化不仅会加剧政治、文化等领域的对立冲突，也会对社会经济发展造成负面影响。在社会极化的情况下，不同人群的利益冲突更大，政策制定者在制定政策时往往更难兼顾所有人的利益，从而更难推出和执行政策，政策的福利效果也会较非极化情况时更差。

那么，人们应如何破除信息茧房呢？首先，作为信息接受者，需要意识到信息茧房的存在，并努力克服自己的信息偏好，多接触不同的信息和观点。其次，作为信息供给方，网络平台也应该承担起更多的责任，通过推荐不同的信息和观点，帮助用户打破信息茧房的限制。同时，政策制定者也应该意识到信息茧房的影响，采取措施促进不同社会群体之间的交流。

59. 互联网社交媒体怎样影响我们的观点和习惯？

比起读书看报，当代人更习惯使用互联网获取信息。在碎片化的时间里，我们往往会在社交媒体上获取关于热点新闻的相关资讯。除了单纯地接受信息外，我们还能随时随地在社交媒体上和其他人交流观点，切磋讨论。信息获取的简便和讨论门槛的降低会不会改变我们对于世界的看法？现代人在观点的接收和交流上出现了哪些变化？

一种说法是，人们的观点变得更加分裂和极化了。互联网上的观点总体来看虽然多元，但每个人所接受的信息却更加单一。人们关注自己感兴趣的信息，在自己感兴趣的话题上和观点一致的人交流，从而不断确证和加强自己已有的观点，这种现象被称为"信息茧房"，意指将自己的观念桎梏于像蚕茧一般的封闭范围之中。这种党同伐异的使用习惯将互联网分割成了无数社群，在社群内的交流更加高效的同时，社群之间的沟通却比互联网之前的时代更加难以进行了。

更令人担心的是，许多唯流量是图的意见领袖为了巩固自身立场的受众，会"奇观化"敌对的观点，让受众确信对立立场的愚蠢和荒谬。在激烈的对抗中，每个人对自己的观点更加深信不疑，不同观点之间如隔天堑，这便是分裂和极化的趋势。

但另外一些理论认为，人们接触到了更加多元的信息和观点，有机会扭转曾经的成见。互联网平台将各行各业的人们聚集到了一起，庞大的用户范围可以提供更加丰富的信息（尤其是亲身经历），能帮助我们更深刻全面地理解社会议题。例如，对于"外卖骑手被困在系统里"这一话题，既有骑手控诉平台超时罚款带给自己的巨大压力，也有消费者控诉平台极限施压拉低了配送质量，还有商家控诉平台过多抽成，甚至还有为骑手代理案件的律师从专业角度深刻剖析平台是如何利用法律漏洞来层层外包、规避责任的。不同经历、不同岗位的人们纷纷发声，提供了多元的思考角度和丰富的事实素材。

关于互联网使得人们的观点更加客观全面还是极化封闭，无论是实际数据或理论研究都尚无明确定论。但可以肯定的是，互联网已经深深地改变了我们获取信息的习惯，而这一改变对于大多数人而言都是负面的。互联网上短暂而即时的快速信息摄入会使人们更难长时间维持注意力，"太长不看""省流版"成为了许多视频的标题或是热门评论。面对信息洪流，如何保持延时满足的耐心和相对集中的注意力成为当代人的必修课。

互联网为我们的生活带来了极大的便利，其普惠性毋庸置疑。看见未曾看见的地方，了解未曾了解的真实，互联网打开了一扇宝贵的、一窥世间万物并与人交流互鉴的窗口。然而，在享受这些便利的同时，我们也要提醒自己：作为受众时，我们是否保持着思考的习惯和阅读的耐心？作为表达者时，我们能否包容他人言论，警惕陷入观点片面之中？见贤思齐，见不贤而内自省，这便是互联网时代的生存之道。

60. 什么是算法歧视和大数据杀熟？

算法歧视是数字时代一个十分关键的问题，它指的是由于算法错误或者存在偏见，导致目标对象受到不公平对待，从而引发歧视现象。其中，互联网时代最经典的一类算法歧视问题是互联网企业通过用户数据识别用户类型，继而利用算法实现价格歧视。由于平台对熟客更为了解且熟客的用户黏性往往更高，平台往往会对其收取一个相对更高的价格，因此这种现象也被形象地概括为"大数据杀熟"。

值得说明的是，大数据杀熟的"熟"有两层含义。一是互联网企业掌握了大量信息的用户。企业由于充分掌握了用户的信息，从而可以更精准地对用户进行"画像"分析，实现对用户价值的精准把握和获取。此时，虽然互联网对用户更"熟悉"，但并不一定会制定一个相比于其他人更高的价格，而是会结合用户的消费能力制定一个平台能获得最大利润的价格。二是经常使用服务的用户，即传统意义上的"熟客"。由于熟客对平台的黏性高，并且价格弹性相对较大（对价格相对不敏感），因此平台倾向于对熟客制定更高的价格。当然，在很多情况下，这两类熟客的身份是重合的。

此类算法歧视和大数据杀熟现象在广告、电商、订票、出行、外卖等平台上屡见不鲜。比如在谷歌的广告推送业务中，女性求职者可能会收到较少的高薪工作推荐。在中国，北京市消费者协会进行了一项有关"大数据杀熟"的调查，发现约76%的受访者认为存在大数据杀熟现象。在网络购物、旅游和餐饮外卖平台中，大数据杀熟现象尤为明显。

虽然站在消费者的立场上，很容易认为算法歧视和大数据杀熟是绝对负面的，但事实上，其对整个社会造成的福利影响是并不能确定的。在理论上，大数据杀熟本质上是基于算法实现的一种价格歧视。这种价格歧视既可能促使企业进行更加激烈的竞争、提供更精准的服务以及调节人群的差距等（存在一定意义上的"劫富济贫效应"），也可能侵犯消费者的隐私、降低产品质量和加剧垄断。因此，我们既不能"一刀切"式地完全禁止使用算法区分用户的行为，也不能放任自流。必须完善落实相关法律法规，让平台合法规范地采集和使用个人信息。

61. 什么是平台"二选一"？

平台"二选一"（Pick One of Two）指平台的一种限定交易的策略，平台要求其平台内参与者，比如供应商或内容创作者在其平台上独家销售产品或内容，不得在竞争平台上销售或分发。"二选一"的本质是平台希望获得排他性的独特资源，为自身创造独特的竞争优势。具体而言，平台的"二选一"通常发生在电子商务、应用商店和数字内容领域，平台可能会与供应商或内容创作者签订独家协议。

在我国，平台"二选一"的案例众多。比如 2015 年京东诉讼天猫及阿里巴巴滥用市场支配地位，实施"二选一"行为，强迫众多品牌商家只能在天猫商城一个平台开设店铺进行经营行为，不得在京东参加"618""双 11"等促销活动、不得在京东商城开设店铺进行经营。之后，2019 年，家电品牌格兰仕起诉天猫，称在格兰仕拒绝天猫"二选一"的强制要求、入驻拼多多后，天猫对其产品进行限制流量、下架等行为。

平台的"二选一"策略带来的影响目前具有争议。批评者认为，这种做法是平台滥用市场支配地位的表现，限制了供应商的选择权，可能导致垄断和不公平竞争。我国从 2020 年开始对于"二选一"垄断行为进行监管和整治，比如 2020 年 12 月市场监管总局对阿里巴巴的"二选一"行为进行处罚，2021 年 4 月对美团滥用其市场支配地位、诱使商家签订独家协议的"二选一"

行为进行处罚。2021 年 2 月 7 日，《国务院反垄断委员会关于平台经济领域的反垄断指南》发布，进一步明确了平台的"二选一"行为构成了平台滥用市场支配地位、进行限定交易的垄断行为之一。

但是也有声音指出，平台"二选一"可能带来一些积极的影响。比如，"二选一"防止了竞争平台"搭便车"行为，保护了平台的投资，从而有利于平台与商户维持长期的关系。又如，"二选一"也可能促进投资和创新，为了吸引供应商或内容创作者的独家合作，平台可能会提供更好的资源、支持和利益分享机制，从而鼓励供应商在平台上进行更多投资和创新，提供更优质的产品或内容。

62. 平台是否可以"赢者通吃"？

"赢者通吃"指的是在一个市场中的一个公司占据垄断地位，并排除了其他竞争对手，获得几乎所有的市场份额和利润。相比于传统行业，平台企业的确更容易实现"赢者通吃"，这主要是因为平台行业有网络效应的特点。由于平台的运行和成功基于网络效应，网络效应的基数越大，越容易吸引到新的用户和参与者，从而进一步扩张用户规模，提升网络效应。这样的"正反馈"效应会造成"强者愈强，弱者愈弱"，最终具有优势的平台可能获得这个市场绝大部分的用户和市场份额，从而实现"赢者通吃"。这也是为什么"先发优势"在平台竞争中如此关键。当平台越早进入市场，越早积累起用户基数，就能在网络效应上取得优势，从而进一步吸引更多的参与者加入平台。现实中有不少平台"赢者通吃"的例子，比如谷歌浏览器几乎主导了全球90%的浏览器市场份额，脸书占据了70%的社交网络市场份额。在我国，也存在这样的现象，比如微信拥有超过12亿的用户，在即时通信市场实现了"赢者通吃"。

但与此同时，现实情况中平台之间的竞争也受到多方面因素的影响，实现"赢者通吃"也没有理论上那么容易。比如，法律和监管机构通常会对垄断行为进行干预，以保护市场竞争和消费者利益。此外，一个市场上的用户偏好往往是异质性的，从而会产生多个竞争对手，针对用户的异质性偏好不断改进产品和服务，争夺市场份额，这种竞争有助于确保消费者有更多选择，并鼓励创新和发展，以我国的电子商务平台行业为例，淘宝作为发展最早、最为成功的平台，目前的市场份额在50%左右，面临着京东、拼多多、苏宁易购、唯品会等平台的竞争。主要原因在于用户的异质性偏好，比如京东电商平台主要面向对商品品质有要求的用户群体，以自营商品和物流服务闻名；拼多多更多针对下沉市场，发展出社交电商的模式，提供低价商品和团购优惠；苏宁易购基于苏宁集团优势，以家电和3C产品为主打，是传统实体零售与电商相结合的平台模式；唯品会面向追求品牌特卖和折扣优惠的消费者，发展出了以特卖会形式销售名牌商品的平台模式。

总结来看，网络效应有助于平台更容易实现"赢者通吃"，获取更大的市场份额。但是，现实中用户多样化的偏好会导致市场竞争，因此平台想要长期保持"赢者通吃"的状态也并非易事。与此同时，政府对反垄断的考虑和政策干预也会影响平台的"赢者通吃"。

63. 平台兼容在何种情况下更容易达成？

平台兼容指的是平台之间或平台提供的服务与产品之间的互联互通或互操作，即在一个平台上可以使用另一个平台提供的产品或服务。在平台市场中，平台兼容是平台企业重要的竞争策略，包含两个方向的兼容行为，是否主动兼容其他平台（自己的产品或服务可以在另一个平台上获取）以及是否允许其他平台的兼容（其他平台的产品或服务可以在本平台获取）。平台之间的兼容可能是单向的，也可能是双向的。

生活中也存在很多平台兼容的案例。苹果公司的苹果平板（iPad）和亚马逊公司的金读（Kindle）就存在平台间的单向兼容。苹果平板和金读都是电子书阅读的重要平台，二者在电子书市场竞争激烈。亚马逊公司于 2007 年发布了第一代金读，专注于提供电子书阅读服务；苹果公司于 2010 年发布苹果平板，是一款多功能设备，具有收发邮件、阅读、玩游戏以及听音乐等多项功能，售价一般高于金读。在苹果平板发布之后，亚马逊公司决定在苹果应用商店中上架金读阅读器软件，因此，用户可以通过苹果平板阅读在金读中购买的书籍。而在苹果电子书市场中购买的图书因为特定的格式，无法通过金读阅读器阅读，金读单向兼容了苹果平板。苹果平板与金读之间的单向兼容取决于二者的市场定位，苹果平板作为一个"大号手机"，提供多种服务，主要通过销售硬件获利；金读专注于提供电子书阅读服务，销售电子书是其重要的利润来源。因此，金读兼容苹果平板，使得只购买苹果平板的消费者也能阅读在金读电子书市场中购买的书籍，提高了消费者使用苹果平板的效用水平，增加了平板硬件的价值，当然，这种兼容决策也会提高金读电子书的销量，两家公司都是有利可图的。

上述案例中的兼容是不同平台之间软硬件的兼容问题，当前网络销售、金融服务、社交文娱等平台应用（App）之间也存在兼容问题。例如，淘宝、京东等属于网络销售平台，美团、饿了么等属于外卖平台，均需要支付平台提供商品支付服务，它们通常会兼容微信支付、支付宝等支付平台。然而，平台应用之间互相屏蔽的现象也时有发生。例如，2021 年 2 月 2 日，抖音向北京知识产权法院正式提交诉状，起诉腾讯通过微信和 QQ 限制用户分享来自抖音的内容。平台应用之间的兼容决策可能主要取决于平台企业之间是否存在合作关系，例如淘宝和支付宝都属于阿里巴巴集团，二者是合作关系，在淘宝购物就可以通过支付宝支付，而京东则不支持支付宝支付。

由苹果平板和亚马逊金读的例子可知，当两个平台的市场定位区别较大，兼容能同时使两个平台获利时，平台兼容较容易达成；当两个平台较为同质，或一个平台想垄断市场时，平台兼容较难实现。由平台应用之间兼容决策的例子可知，若两个平台是合作关系，属于利益共同体时，平台兼容较容易达成；若平台之间存在流量等方面的竞争时，平台兼容较难实现。

学术界和监管部门也十分关注平台兼容的问题。已经有研究表明，与平台互相屏蔽的情况相比，平台兼容可以降低平台费，削弱大平台的垄断地位，提高社会福利水平。[1][2]2019 年 8 月，国务院办公厅发布《关于促进平台经济规范健康发展的指导意见》，强调"尊重消费者选择权，确保跨平台互联互通和互操作"。2022 年 11 月，国务院新闻办公室发布《携手构建网络空间命运共同体》白皮书，也指出了互联网平台"屏蔽网址链接"等行为影响市场公平竞争，将面临反垄断调查和行政处罚。总体来看，目前仍需探索激励平台互相兼容的有效措施。

---

[1] Adner, R., Chen, J., Zhu, F., "Frenemies in Platform Markets: Heterogeneous Profit Foci as Drivers of Compatibility Decisions", *Management Science*, 2020, 66 (6), pp.2432–2451.

[2] Ekmekci, M., White, A., Wu, L., "Platform Competition and Interoperability: The Net Fee Model", *Available at SSRN* 3945134, 2022.

64. 互联网企业在消费互联网的竞争中 为何要构建庞大的商业生态？

在消费互联网的竞争中，构建庞大商业生态可提升网络效应和规模经济、降低交易成本与整合资源、实现用户锁定和竞争壁垒，以及促进创新与抵御风险，增强企业竞争力和稳健增长，对于互联网企业来说具有重要的战略意义。

（1）提升网络效应与规模经济

网络效应是指一个产品或服务的价值随着其用户数量的增加而增加。在互联网领域，当一个平台上的用户越多，吸引新用户的能力就越强，从而增加了平台的价值。构建庞大的商业生态有助于提高网络效应，增强平台竞争力。例如，社交媒体平台微信在中国拥有庞大的用户基础，这使得微信成为各类应用与服务的重要入口，从而吸引更多的商家、广告商和用户加入。此外，构建庞大的商业生态可以实现规模经济，降低单位成本。随着企业规模的扩大，固定成本分摊在更多的产品和服务上，从而降低了单位成本。例如，京东在扩大市场份额的同时，投入大量资源建设物流基础设施，实现了规模经济，降低了配送成本。

（2）降低交易成本、实现资源整合

在商业生态系统中，互联网企业可以提供"一站式"服务，降低用户在寻找、比较和购买商品或服务过程中的时间和精力成本。例如，阿里巴巴旗下的淘宝、天猫、支付宝等产品构成了一个完整的购物生态，消费者可以在一个平台上完成商品搜索、比较、购买和支付等操作，降低了交易成本。通过构建庞大的商业生态系统，互联网企业与其他行业的企业展开合作，实现资源整合，提高整体竞争力。例如，滴滴出行与各大汽车制造商合作，共同推进新能源汽车的研发与推广，提高出行服务质量。

（3）实现用户锁定、强化竞争壁垒

构建庞大的商业生态可以提高用户黏性，使用户在一个平台上满足多种需求，从而降低用户流失风险。例如，亚马逊通过提供金读电子书、亚马逊音乐和亚马逊视频等多元化产品，增加用户在其平台上的消费时间，提高用户黏性。庞大的商业生态有助于提升企业品牌形象，提高用户信任度。当一个企业在多个领域表现出色，用户更容易产生信任感，从而增加对该企业其他产品和服务的兴趣。例如，苹果公司凭借 iPhone、iPad、Mac 等优质产品，树立了卓越的品牌形象，吸引了大量忠实用户。构建庞大的商业生态可以为企业筑起竞争壁垒，提高竞争对手的进入门槛。一个成熟且完善的商业生态往往需要投入大量资源和时间来

建设，新进入者很难在短时间内达到相同的规模和优势，从而提高了竞争对手的进入成本。

（4）实现创新、抵御风险

庞大的商业生态有助于企业在不断变化的市场环境中保持竞争力。企业可以通过观察用户需求，开发新产品和服务，不断创新和扩展其商业生态。例如，腾讯通过投资游戏、产业互联网、金融等多个领域，逐步构建了一个庞大的商业生态，满足不同用户群体的需求。庞大的商业生态使企业更有能力应对外部风险。在一个多元化的商业生态中，企业可以通过调整资源配置，应对市场变化和政策风险。例如，在新冠疫情期间，许多线下实体店受到严重影响，而拥有庞大商业生态的互联网企业通过在线业务，实现了业务的稳健增长。

65. 消费互联网的治理包含哪些内容?

消费互联网是指利用互联网技术为消费者提供商品和服务的一种经济模式。随着科技的不断发展和互联网的普及，消费互联网在人们生活中扮演着越来越重要的角色。在这个过程中，消费互联网的治理也成为一项至关重要的课题。

（1）数据安全与数据合规

数据安全是消费互联网治理的基石。企业需要采取措施保护用户数据和隐私，防止数据泄露、滥用或被恶意攻击。政府部门应当建立相应的法律法规，规范企业行为，加强对网络安全的监管。企业应当合法合规地收集、存储、处理和使用数据。同时，在保证数据安全的情况下，鼓励数据开放共享，促进产业创新和发展。

（2）知识产权保护

知识产权保护在消费互联网治理中占有举足轻重的地位。行业监管部门应加强对侵犯知识产权行为的打击力度，推动落实相关法律法规，加大对侵权行为的惩处力度。例如，抖音严格规定用户不得上传含有侵权内容的视频。同时，企业和平台也应承担起责任，加强对知识产权的保护和维权，例如，网易云音乐与各大音乐版权公司进行合作，以保护音乐人的权益。

（3）反垄断与竞争秩序维护

消费互联网的快速发展，使得竞争环境异常激烈。政府需要通过制定政策和法规，确保市场公平竞争，遏制不正当竞争行为，如垄断、掠夺性定价等。比如，中国政府近年来对阿里巴巴、腾讯等大型互联网企业进行反垄断调查，旨在维护市场的公平竞争环境。此外，政府还应支持创新和创业，比如通过提供创新基金、税收优惠等措施，鼓励更多的创业者进入互联网行业，以促进市场的繁荣发展。

（4）跨境合作与监管

随着全球化的推进，消费互联网企业的业务范围逐渐拓展到国际市场。这就要求政府部门加强与其他国家和地区的合作，共同制定和实施跨境监管政策。比如，中国与欧盟在数据保护、网络安全等领域进行了深入的合作和交流。同时，政府部门应当制定相应的跨境电商法规，如跨境电子商务零售进口税收政策，以确保消费互联网的健康发展。这样，不仅可以保护消费者的权益，也可以为企业提供一个公平、透明的市场环境。

总结来说，消费互联网的治理包含诸多方面的内容，涉及数据管理与合规、知识产权保护、竞争秩序维护以及跨境合作与监管等方面。政府、企业和社会各界应共同努力，确保消费互联网的有序、健康、可持续发展。

66. 如何理解平台企业的国际化？

随着全球化的加速，平台企业的国际化趋势日益明显。相比传统的跨国企业，平台企业展现出了更快的国际化速度和生而全球化的特点。这主要得益于平台企业利用数字化技术构建在线平台，从而使运营成本降低，数字资产快速扩散，从而更容易进入新市场。很多平台型跨国公司是在创立之初或成立后不久就开始国际化，并迅速在国外市场占据相当份额的收入和利润。例如，TikTok 以极快的速度占领了全球 200 多个国家的市场，其国际化速度前所未有。

平台企业与传统跨国企业在国际化战略上也存在明显的不同。传统跨国公司通常采取产品战略来实现国际化，即将产品出口到海外市场，性价比成为其核心竞争力。相比之下，平台企业国际化的核心在于促进网络效应，即通过与全球用户的互动来吸引更多用户，并扩大其网络效应的优势。对于平台企业来说，全球用户规模和参与度至关重要。用户不仅是产品或服务的接收者，更是平台的价值创造者。

然而，平台企业的国际化进程并非一帆风顺。尽管平台企业的网络效应可能带来赢者通吃的正反馈效应，但并非所有平台企业在全球化进程中都能无阻畅通。平台企业的网络效应具有区位效应，不同类型的平台型跨国企业由于面向的用户群体不同，其网络效应的区位效用存在巨大差异。在电商、打车、支付等不同领域的平台型跨国公司在进入国外市场时都遭遇了不同程度的失败。例如，优步（Uber）在中国、东南亚地区和俄罗斯等市场被当地竞争对手滴滴、Grab 和 Yandex 击败，亚马逊在中国和东南亚地区也不敌当地电商阿里巴巴和来赞达（Lazada）。

综上所述，平台型企业的国际化速度往往更快，其商业模式和国际化战略也与传统跨国企业有着很大的区别，但这不意味着平台企业在海外市场都能轻易取得成功，平台仍需要深入地融入当地，否则极有可能不敌本土的竞争对手。

67. 什么是平台市场的分层运行？

近年来，中国平台经济的规模处于高速增长态势，中国信息通信研究院发布的《平台经济与竞争政策观察（2021年)》显示，中国超过 10 亿美元数字平台的总价值在 2015—2020 年，从 7702 亿美元增长至 35043 亿美元，年均复合增长率为 35.4%。[①] 随着我国平台经济的高速发展，数字平台创新出了分层运行、电商直播带货等运行方式。

平台分层运行是平台普遍选择的运行模式之一，是指平台企业根据平台市场中买卖双方的不同特点，将其划分到不同层面或者子平台中进行匹配和交易。例如，在电商平台方面，阿里巴巴集团从原本的淘宝平台中，细分出了"天猫"旗舰店平台和"闲鱼"二手商品交易平台；京东也细分为"京东""京东到家""京喜特价"等子平台。在本地生活服务平台方面，根据不同的服务领域，美团也细分出了"大众点评""美团外卖""美团猫眼""美团酒店"等子平台。在金融平台方面，根据金融产品的风险程度和投

---

① 中国信息通信研究院政策与经济研究所：《平台经济与竞争政策观察（2021年)》，http://www.caict.ac.cn/kxyj/qwfb/ztbg/202105/t20210528_378126.htm。

资者的类型，平安集团的陆金所细分出了"陆保险""陆理财""陆基金"等子平台。通过观察这些平台的发展历程，可以发现，平台在初创时期通常都不会进行分层，而是在平台发展至较大规模时才会选择分层。这可能是由于平台在初期发展阶段用户数量较少、且受到资金限制，此时平台的主要目标是吸引更多的用户加入平台，因此平台选择不分层或者少分层。

在网约车平台方面，"滴滴出行""曹操专车"等平台根据不同的司机、乘客类型进行了较为细致的分层。例如，滴滴出行根据不同的车型和司机类型细分出了"拼车""快车""优享""豪华车"等层面，并且根据乘客的出行和消费记录细分出了"白银会员""黄金会员""白金会员""钻石会员""黑金会员""黑金PLUS 会员"等层面。在这种较为细致的分层下，乘客可以根据自己的乘车偏好和需求选择服务。

在社交平台与婚恋平台方面，社交平台的分层较少，而婚恋平台通常进行了较为细致的分层。社交平台方面，腾讯分为"QQ""微信"两个平台；"微博""脸书""推特"等平台也只进行了较少的分层。而在婚恋平台方面，"百合网"等平台根据用户的身份、特征、需求，以及用户缴纳会员费用的高低进行精确细致的分层，并在不同等级的用户内进行推荐匹配。这是因为婚恋平台的特点是精准匹配，由于包含客户较多的隐私信息，用户更加注重用户信息的真实性和安全性，为了防止酒托、骗婚等恶性事件的发生，平台需要保证推荐匹配的质量，降低错配的概率和风险。而对于社交平台来说，用户在平台上的互动、交叉能带给平台活力和收益，安全性并不是主要的考虑内容。

68. 平台生态治理的核心是什么？

平台生态（Platform Ecosystem）是以平台企业为核心企业（Focal Firm），包括与平台企业相关联的企业、用户、政府、产业联盟等各利益互补者（Complementors）在内的复杂商业生态系统①，兼具经济和社会双重属性。联接在平台上的各类利益互补者相互影响，共建平台生态并分享其中的价值。

随着数字技术的进步，平台不断发展壮大，平台生态中的利益互补者种类不断增加，彼此自由竞争合作，平台生态依托互补者之间的网络效应产生了巨大的经济社会价值，也面临着复杂的生态治理难题。例如近年来引发广泛讨论的外卖平台上的"不可能三角"问题，骑手、商家、用户同时依附在外卖平台上。商家希望增加销售收益，降低销售成本；骑手希望获得较高的收入，同时保证自身的送餐安全；用户希望支付较低的价格，同时准时拿到外卖。我们将三方的利益诉求写下来就能发现其中的矛盾，商家希望用户有较高的支付意愿，希望骑手的送餐时间尽可能缩

① Adner, R., Kapoor, R., "Value Creation in Innovation Ecosystems: How the Structure of Technological Interdependence Affects Firm Performance in New Technology Generations", *Strategic Management Journal*, 2010, 31（3）, pp.306–333.

短，且骑手能够准时送餐，同时尽可能降低自身出餐的生产成本；骑手希望送餐时间相对宽裕，外卖费相对较高；用户希望以尽可能低的价格准时取餐，用户的支付意愿较低，商家和骑手的收入就无法提升，商家可能会出现经营困难，骑手的不满情绪也会加重，而提高外卖的价格，又会引起用户的不满。作为外卖平台生态的核心，平台企业面临严峻的考验，如何平衡生态内三方的利益关系，同时保障平台本身的盈利是外卖平台生态治理的难题。为了保障平台入驻商家的利益、保障骑手的收益和权利、满足客户对外卖高品质和低价格的需求，同时实现平台正收益，平台需要统筹各方利益，仔细调整和规划自身的业务和收费模式，进行合理的平台生态治理。

平台生态治理（Platform Ecosystem Governance）的主体是平台企业，核心是平台生态中互补者之间的价值分配[①]，目标是平台生态的长期利益最大化以及创新、健康、可持续发展。平台企业作为平台生态的核心，需要通过协调各互补方的经济行为与社会关系，实现平台生态的治理。合理的治理模式和利益分配，可以兼顾各利益互补方差异化的利益诉求，平衡好共同创造利益的主体之间的收益，使得各方充分发挥自身价值，实现良性竞合，整个平台生态的经济价值和社会价值不断增加。

早期研究主要围绕平台企业的监管角色展开。这些研究通常

---

① Jacobides, M. G., Cennamo, C., Gawer, A., "Towards a Theory of Ecosystems", *Strategic Management Journal*, 2018, 39（8），pp.2255–2276.

假设平台生态的结构简单, 平台企业可以有效监管约束联接在平台上的各方行为。例如电商平台、打车平台等推出了评分系统等信誉机制, 可以降低平台上商家 (网约车司机) 和用户之间的信息不对称, 从而缓解道德风险。随着平台参与方逐渐多元化, 平台自身也可能与入驻商家形成竞争关系, 例如京东自营就与入驻京东的商户之间存在竞争, 平台复杂程度的提高让平台监管和平衡各方价值分配也变得更为复杂。构建合理的平台生态系统的挑战主要体现在互补方的资源、利益协调困难。为了鼓励平台生态各类互补者的价值共创, 控制机制、关系机制和激励机制等应成为此类整体治理机制的重要组成部分, 降低各方合作的成本, 处理好其中的利益矛盾。

第四篇

数据要素

数字经济的蓬勃发展使数据成为重要的资源。与传统的生产要素（如劳动力、土地和资本）相比，数据具有虚拟性、规模报酬递增、非竞争性、负外部性等特点，正因如此，数据市场也不同于其他要素市场。当前，数据市场已经形成了从数据采集到数据存储、加工，再到数据分析、利用、交易等多个环节在内的数据价值链。为确保数据价值链顺利运行，需要解决数据的确权、数据市场的结构、数据市场的价值分配等问题。鉴于数据市场的复杂性和动态性，培育数据生态系统以更好地协调这些利益相关者成为可行方案。

69. 数据要素、数据、数据产品的区别是什么？

　　数据和信息有着密切的联系。信息论认为如果事物没有得到控制，那么"熵"就会越来越大，陷入失序，而信息则是用于减小不确定性的。[①] 同样地，数据在现实应用中也具有"减小不确定性"的功能。国际标准化组织将数据定义为是以适合交流、解释或处理的正式方式对信息进行可解释的表述方式[②]，我国的全国信息安全标准化技术委员会将数据定义为"任何以电子方式对信息的记录"[③]。总体而言，数据是整理、表现信息的载体。和自

① Shannon C. E., "A Mathematical Theory of Communication", *The Bell System Technical Journal*,1948, 27（4）,pp.623–56.

② Information Technology Vocabulary — 2121272 data：https://www.iso.org/obp/ui/#iso:std:iso-iec:2382:ed-1:v1:en.

③ 全国信息安全标准化技术委员会秘书处：《网络安全标准实践指南——网络数据分类分级指引》，2021 年，https://www.tc260.org.cn/front/postDetail.html?id=20211231160823。

然属性更强的信息相比，数据进入生产、生活的各个环节，数据的产生也无法脱离人类活动，因此数据更具有经济属性或社会属性。

数据要素就是被投入到生产中、但是不进入最终产品的数据。2019 年 11 月，党的十九届四中全会通过的《中共中央关于坚持和完善中国特色社会主义制度 推进国家治理体系和治理能力现代化若干重大问题的决定》首次将数据作为与劳动、资本、土地、知识、技术、管理并列的生产要素参与分配。和传统生产要素相比，数据要素具有虚拟性、规模报酬递增性、非竞争性、负外部性等性质，且复制、共享成本低。区别于传统生产要素，数据要素提高了研发效率、生产效率、市场效率，乘数作用不断凸显，成为最具时代特征的生产要素，是基础性资源和战略性资源，也是重要生产力。

数据产品是在数据要素投入生产的基础上，对数据本身进行产品化、市场化，形成数据产品在市场中流通、被购买者消费，最终实现市场价值。具体而言，数据产品和服务进入产品市场，通过市场交易，流通到消费环节，并被消费者直接消耗掉，则称为数据产品或服务；若数据产品和服务并未进入产品市场，而是进入生产要素市场，并通过市场交易，再次流通到生产环节，则仍称之为数据要素。①

_____

① 戎珂、陆志鹏：《数据要素论》，人民出版社 2022 年版，第 65 页。

70. 数据成为生产要素的理论逻辑是什么？

生产要素是指生产过程中持续投入的必需资源，包括土地、劳动力、资本、管理、知识、技术和数据等。[①] 生产要素和资源的差异很大。一方面，在经济理论中，只要是能被人类开发和利用的物质、能量和信息都可以称为资源，如土地资源、矿产资源、森林资源、海洋资源、石油资源、人力资源、信息资源、数据资源等。然而，资源仅仅具有创造财富的潜质，只有当它投入生产才能真正创造财富，这便是资源和生产要素的差异之一。另一方面，在实际生产中，资源一般被视为生产活动某阶段的投入品，而生产要素一般需要持续投入到全流程的生产活动中。换言之，生产要素是生产必需的基本要素，而资源则不一定具有如此重要的地位。可见，从创造价值的角度看，生产要素的地位要高于资源。

数据成为新的生产要素，是数字经济时代到来的必然结果。在数字经济时代，5G、物联网、区块链、大数据、云计算、人工智能等应用到社会生产经营领域，出现了互联网经济、共享经济、零工经济、平台经济、生态经济等一系列形态，推动了智能制造等生产方式和无人驾驶等生活方式的变革，人类也越来越重视数字世界的开发和改造。数据在数字产品和服务的全流程生产

---

① 戎珂、陆志鹏：《数据要素论》，人民出版社 2022 年版，第 1 页。

中都发挥了重要作用，成为数字经济时代创造价值的基本要素。不仅如此，由于数据具有易复制、非消耗、规模报酬递增等特征，相对传统生产要素迸发出更强大的能量，为提供新型产品、提高生产效率、赋能社会治理等都发挥了更大的作用，因此数据有望超越传统生产要素，成为数字经济时代的第一要素。

数据具有不同于传统生产要素的特征，导致数据作为生产要素的基本规律与传统生产要素也存在差异。一方面，数据具有非均质、非竞争性、负外部性、安全性和敏感性等新特点，导致数据在加工和分析中的不确定性较高，既对市场主体的技术能力要求较高，又对主体间的信任要求较高。这样一来，就需要更多的市场主体来贡献能力，实现能力互补，走生态化发展的道路。另一方面，数据具有非消耗性（易复制性）特征，天然适合共享经济，因此在平台企业的加持下更能激发网络效应。在网络效应的作用下，由于数据的多维属性能发挥更大的价值，不同维度的数据在不同的应用场景下具有不同的价值，因而在投入生产函数时体现出规模报酬递增性的规律。

71. 数据要素与传统生产要素相比有何不同之处？

数据要素有三种形态，资源形态、要素形态和产品形态，这三种形态下数据要素的属性特征有所不同。在数字经济时代，数据资源可以是在计算机中存储的信息，它表现为二进制字符串的形式。数据的要素形态是经过标准化并投入生产的数据，它与数据资源相比能够产生经济效益。数据的产品形态是数据产品和服务，例如，腾讯基于大数据为麦当劳提供新门店的选址服务。

数据要素主要在虚拟性、非均质性、非消耗性、外部性、非竞争性、高敏感性、时效性和价值密度等方面与土地、劳动力、资本和技术等传统生产要素不同。

数据要素的一个典型特征是虚拟性。传统要素为实体性要素或者虚实兼有，但是数据的三种形态全都具有虚拟性，能够在计算机上存储和传输。数据要素相比传统要素具有更强的非均质性，特别是在资源和要素形态下，一单位数据与另一单位数据的内容和价值往往是完全不同的，有的数据是有用信息，而有的数据只是垃圾信息。非消耗性也是数据要素与传统要素的重要差异，尤其是在资源形态和要素形态下，数据可以被重复使用而数量不会减少。

要素的外部性是指企业或个体对要素的使用会让其他人获利或遭受损失，但却不能因此得到补偿或为此付出代价。土地、劳动和资本要素一般不存在外部性的概念，而数据要素既具有正的外部性，也具有负的外部性。对于正外部性，一个例子是搜索引擎可以使用用户数据来提高引擎质量，这样其他用户的使用体验也能得到改善。另一方面，数据也能带来一些负外部性影响，诸如隐私泄露、信息茧房、数据黑灰产、大数据杀熟等。

要素的非竞争性是指消费者（企业、个人等）对要素的消费不会减少其他人能够消费的数量。土地、劳动力、资本在三种要素形态下都具有竞争性，而数据在资源和要素形态下具有非竞争性。数据可以无成本地复制，使得同组数据可以被多个消费者所使用，而一个消费者对数据的使用并不会减少其他消费者的数据使用量。

与传统要素相比，数据存储着个人、机构、企业和政府的隐私信息，具有高度的敏感性。数据在形成生产力的同时也可能存在隐私泄露的风险。因此，数据要素在生产过程中需要去标识化、脱敏、隐私计算、区块链等技术的支撑。

数据要素还有一些特殊属性，如时效性和价值密度。随着时间推移，数据中所包含的信息可能会逐渐地过时、失效，导致数据要素质量的下降。数据要素的三种形态都会受到时效性的影响。因此，数据需要经常更新，以确保其与时俱进。大数据的价值密度低，许多无价值的数据对于企业而言没有好处。因此，大数据需要经过处理来提升其价值密度。在数据要素的三种形态中，资源形态的数据高度分散，价值密度低。数据只有经过标准化后，才具有较高的价值密度，此时数据处于要素形态。数据产品的价值密度最高，因为它在要素形态的基础上实现了进一步的提炼，用以实现某些功能。

72. 数据作为生产要素的时代意义是什么？

　　迄今为止，人类已经至少经历了原始文明、农业文明、工业文明三个时代。纵观三个时代的发展轨迹，推动人类文明时代演变和演替的根本力量是人类生产力的不断提升，这其中，对生产要素的开发和配置起到了重要作用。

　　在原始文明时代，人类的主要追求是生存，主要的生存方式是采摘、捕捉、狩猎。受限于知识和技术，人类对自然界充满不解和畏惧，主要表现为顺从，还谈不上对生产要素的开发和配置。到农业文明时代，推动生产力提升的要素主要是土地、劳动力，以及农业技术。[①] 由于农业文明时代生产要素的积累和升级受自然约束较强，技术进步和财富积累速度较慢，因此土地资源丰富，且人口持续稳定增长的国家或民族就能引领世界发展。这也解释了为什么在漫长的农业文明时代，中华民族能长期处于世界领先地位。进入工业文明时代，推动生产力提升的要素主要是劳动力、资本，以及工业技术。该阶段生产要素的积累和升级受自然约束减弱，资本积累和技术进步速度较快，特别是科学技术作为第一生产力的特征逐渐显现，率先积累资本和掌握工业技术的国家或民族就能引领世界发展。此外，由于工业文明时代的技术种类更多、进步周期更短，因此难以再像农业文明时代那样出

---

① 戎珂、陆志鹏：《数据要素论》，人民出版社 2022 年版，第 10—11 页。

现一个长期保持世界领先的国家或民族，而是会先后出现多个国家或民族引领世界发展。在短短 200 年左右的工业文明时代中，先后出现了"日不落""美国优先"两个大时代。近 30 年来，人类迎来数字文明时代，数据成为新的生产要素。根据上述逻辑，在数字文明时代率先掌握数据要素和数字技术的国家或民族就能引领世界发展。①

　　当前，全世界大多数国家都已经意识到数据在经济发展、社会治理中的重要作用，将数据视为国际竞争中的重要资源。未来，将会有越来越多的国家意识到数据是数字经济时代的生产要素，甚至是第一要素。然而，目前只有中国将数据提升到生产要素的高度。2017 年，习近平总书记主持十九届中央政治局第二次集体学习时指出，要构建以数据为关键要素的数字经济；2019 年 10 月，党的十九届四中全会首次将数据确立为生产要素，并按贡献参与分配；2020 年 3 月，《中共中央　国务院关于构建更加完善的要素市场化配置体制机制的意见》提出要加快培育数据要素市场；2022 年 12 月 19 日出台《中共中央　国务院关于构建数据基础制度更好发挥数据要素作用的意见》（以下简称"数据二十条"），系统布局了数据基础制度体系的"四梁八柱"，擘画了数据要素发展的长远蓝图。至此，中国将数据从资源提升到生

---

① 戎珂、黄成：《掌握数字文明时代第一要素，迈向社会主义现代化强国》，2023 年 3 月 17 日，https://www.ndrc.gov.cn/xxgk/jd/jd/202303/t20230317_1351340_ext. html。

产要素的高度，奠定了数据在经济增长中的重要作用，在收入分配中的重要地位，以及在生产要素市场中的独特价值，为我国率先掌握数字文明时代第一要素——数据要素，充分利用我国天然的大数据规模优势和应用场景优势提供了制度基础，为我国率先掌握数据要素和持续实施数字技术革命指明了方向，对我国迈向社会主义现代化强国新征程具有重要历史意义。

73. 促进数据要素流通需要怎样的组织形式和商业环境？

由于数据要素体现出的和传统生产要素不同的特征，促进数据要素的充分流通非常需要一个多主体参与、相互信任的组织形式和商业环境来应对数据要素流通过程中的不确定性，并促进数据要素充分释放其价值，这种数据治理机制被称为"数据生态"。

数据要素是数字经济时代的"石油"，具有诸多区别于传统生产要素的特征，这些特征在创造价值、激发经济活力的同时，也为数据要素流通的实现带来了诸多挑战。首先，数据要素具有易复制性，数据每被多复制一次，其价值也同时被削减一分，即使在已经建立数据交易平台、数据交易中心的前提下，企业也不愿意将自己的数据拿出来在市场上进行流通。其次，数据具有非标准化的特征，尤其是原始数据，可以被认为是一种无序的信息，非标准化意味着数据无法像传统商品一样在市场上被统一定价，从而导致数据交易的困难。还有最关键的数据的敏感性问题，导致个人和企业对数据的隐私保护和泄露问题产生担忧，共享数据的动机不足。因此，可以发现数据交易流通过程中面临诸多的不确定性，这也导致了当前的数据市场并没有得到完善的建立，数据要素无法充分释放其价值。

在此基础上，我们提出建立"数据生态"的必要性。在管理学理论当中，商业生态或创新生态是不同主体之间进行共同价值创造和价值获取的重要组织机制，通过跨行业的不同利益相关方之间的竞争与合作，进行共同演化，以应对商业环境中纷繁的不确定性，从而实现新技术、新产品的商业化。在实践当中，我们发现数据要素流通本身是由多主体参与的，具备建立"数据生态"的必要前提，个人将数据授权，企业对数据进行采集、存储、再加工，数据交易市场中可能存在数据中间商、数据平台交易方，政府对于数据交易和个人数据保护有所规制，数字基础设施和软件服务商等也支持了数据交易的实施。多方利益相关者通过"数据生态"的治理机制，分享共同的数据生态愿景，实现共同导向的数据价值创造，并在过程中通过数据隐私保护技术、数据标准化等方式构建起多方之间的生态信任，从而促进数据要素流通和数据价值创造。

74. 如何培育数据要素流通和
交易服务生态？

分析培育"数据生态"的途径应当对标现有的商业生态或创新生态的培育框架，并结合数据要素本身的特征，构建起多主体参与、相互信任的数据要素流通和交易服务生态。

VSP-TO 生态培育模型由愿景（Vision，V）、解决方案（Solution，S）、合作伙伴（Partner，P）、信任（Trust，T）、运营（Operation，O）五个部分组成。[①]

在数据生态中，核心企业或组织首先初步形成数据要素流通的核心愿景，这一愿景以通过数据要素流通实现价值创造为核心内容，向合作伙伴展现在数据要素流通过程中可以获得更高的价值来形成激励。基于愿景，提出如何建立数据要素流通市场的解决方案，涉及数据确权与授权、数据处理方案、数据隐私保护、数据标准化、数据定价等关键环节。数据生态在合作伙伴方面主要包括了数据价值链上进行数据加工处理的企业伙伴、提供间接支持的数字技术与基础设施的提供商、提供知识与科研创新的高校及研究机构，还有个人与政府等，核心企业与合作伙伴共同就愿景与解决方案进行磋商，在过程中共同铸造生态信任。

---

① Rong, K., Shi, Y., *Business Ecosystems: Constructs, Configurations, and the Nurturing Process*, London: Palgrave Macmillan, 2015.

生态信任主要包括善意信任、能力信任、关系信任，在数据生态中，这一信任不仅是指合作伙伴对核心企业的信任，更是指不同参与主体之间的相互信任，需要使得企业相信数据交易能够产生价值同时不会威胁自身商业利益、个人相信数据的隐私能得到保护、数据交易平台和数据服务商相信商业模式的可持续性。为了最终建立良性的生态信任，与已有的商业生态或创新生态不同，政府在数据生态中扮演了极为重要的角色。政府既要做好"守路人"，提供数据隐私保护和数据安全的法律保障，更要做好"开路人"，积极引导、促进、协调数据要素交易市场的实现，促进数据要素流通，释放数据要素价值，赋能数字经济发展。

75. 如何构建数据市场？

构建数据市场必须围绕价值创造开展，数据的价值具有很强的场景相关性，基于调研，我们归纳出与数据交易和应用具有高度相关性的三个特定场景，因此将数据市场划分为三级市场。

一级市场是数据授权市场，用于解决数据怎么来的问题，即数据价值从 0 到 1 的问题。由于数据不是天然的，而是生成的，因此一级市场需要做"广"数据来源，鼓励更多的数据收集，拓展数据资源的来源。同时，为了提高数据有效供给，还需要完善数据授权的标准和规则，并完成数据确权后的数据流动，以等价交换的方式进行安全分享。

二级市场是数据交易市场，用于解决数据怎么流通的问题，即数据价值从 1 到 N 的问题。数据具有非消耗性、易复制等特征，天然适合分享，且在生产函数中体现出规模报酬递增特征。基于价值创造的目的，一方面，二级市场要做"大"数据交易，促进数据分享，构建场内场外协调互补的数据交易体系，促进数据安全高效流动，形成网络效应；另一方面，数据交易对环境的安全性提出很高要求，因此需要加强数据安全流通的基础设施建设，提高环境信任度。

三级市场是数据产品和数据服务的市场，用于解决数据怎么应用的问题，即数据价值从 N 到 +∞ 的问题。数据价值的释放和应用场景高度相关，因此，三级市场要做"深"数据产品，深入行业应用场景，运用 AI 算法等构建智能化的解决方案，真正释放数据价值，服务各行各业。由于行业间差异很大，对行业知识的要求较高。因此，一方面需要整合行业能力，与农业、金融、制造和物流等具有特殊行业知识的企业合作，形成能力互补，联合深耕行业和应用场景；另一方面也要开创各类商业模式，形成商业闭环，促进数据应用价值多元释放。

总之，数据市场对能力和信任都提出很高的要求，因此需要走生态化发展路线。在数据产业生态中，既需要大企业，也需要小企业共同参与，将各自能力贡献到数据产业生态的各个环节中。其中，一些能力比较单一的小企业，可以根据自身能力确定生态角色，仅仅参与到某一级市场中。而一些能力较强的企业，可以根据自己的优势能力建立产业生态，实现跨市场建设的格局。简言之，数据三级市场是一个既独立又融合的市场。

76. 数据要素市场化有哪些难点？

数据作为一种新生产要素，要顺利实现市场化，就必须打通数据价值链各环节面临的困境。归纳起来，当前数据要素市场化正面临制度、技术和市场三个层面的困境。

在制度层面上，第一，数据确权很困难。由于数据与传统生产要素不同，而且通常涉及多个利益相关方，比如数据的拥有者、管理者和使用者等，目前关于数据确权的问题存在很多争议，对于如何建立相关制度还没有具体且统一的认识。第二，平衡数据安全、隐私保护与数据使用很困难。随着各种新的以数据为基础的服务模式不断涌现，需要设计灵活的制度，以在维护数据安全和保护个人隐私的前提下，充分发挥数据的价值，提高社会的整体福利水平，这无疑是具有挑战性的。第三，数据的收益分配也很困难。数据要素作为一种生产要素，在市场机制作用下，其理应参与到收益分配环节中，由市场评价数据要素贡献，并按贡献决定数据要素应得的收益。然而，在目前数据产权存在争议、数据收益不易确定的情况下，如何确保数据要素收益公平是一个难题。

在技术层面上，第一，数据安全和隐私保护存在痛点。在数据的采集、传输、存储和应用过程中，由于数据容易被复制和修改，确保数据所有权人一直对电子数据保持控制是一个技术上的难题，也是数据安全领域的一个重要问题。隐私计算可能是一个有希望的解决方案，它可以让数据可用但不可见，从而实现对数据全生命周期的安全管控，但是这种技术目前还不完善，效率有待提高。第二，数据的采集、加工、存储和处理技术存在难点。面对迅速增长的数据量，我们需要大幅提升数据的采集、加工和处理等技术性能。目前的情况是，数据量已经超过了数据处理能力的上限，如果数据处理技术没有重大突破，就会导致数据处理能力无法跟上指数增长的数据量。第三，数据要素交易技术也存在问题。在数据要素交易方面，目前的技术链条还不够完善。①数据要素的供给、汇集和加工等方面没有形成统一的技术标准，同时还存在如何更好地与需求方匹配的问题。大规模数据交易的技术手段也还不够成熟。

在市场层面上，第一，数据要素整合和标准化存在困难，这是阻碍数据要素市场快速发展的一大障碍。数据要素的种类繁多，来源广泛，建立将不同领域的数据要素整合和标准化的统一标准非常困难，而且这些标准还需要不断更新。同时，不同领域的数据要素通常由不同的市场主体掌握，即使在同一领域，有时

---

① 王建冬：《"数据要素市场建设共性技术体系框架研究"专题序》，《数据分析与知识发现》2022 年第 6 期。

也存在多个相互竞争的市场主体，导致数据格式不统一的情况。第二，数据要素的定价也很困难。与土地、劳动力、资本等传统生产要素相比，数据要素具有不同的属性特征，而且更加复杂，这导致数据要素的定价比传统生产要素的定价更加困难。第三，数据要素市场缺乏活力。目前，我国对数据要素价值的挖掘还不充分，相关的数据产业发展还不够强大，数据的商业模式和应用场景还有待挖掘。这种现状导致数据要素的购买者较少，市场对数据要素的需求不强，整个数据要素市场的活力不足。要改变这种局面需要循序渐进。

数据要素市场化在这三个方面所面临的困境并不是独立存在的，而是相互交织在一起的。制度上的困境与技术和市场上遇到的困难密不可分。因此，要解决制度上的困境，需要先进的数据技术和有效的数据市场设计，而技术和市场面临的情况也是如此。只有综合考虑这三个方面，才能找到解决数据要素市场化困境的途径。

77. 数据要素如何赋能供应链？

数据要素在供应链的上、中、下游都能发挥重要作用，能通过提供新知识、新产品和新匹配分别赋能供应链的研发设计、制造物流和市场匹配环节。

在研发设计环节中，数据起着重要的作用。数据可以作为一种投入要素，促进知识的生成，提高研发和创新的效率。数据实际上是经济活动的一个附带产物，当消费者进行消费时，会产生数据，这些数据会被中间环节或最终产品的企业所收集。对于这些企业来说，数据能够提升它们的想法和知识的质量，并且可以转化为新的知识。通过积累大量高质量的知识，企业的创新能力和创新效率得到提高，新产品的种类也随之不断增加。

在制造和物流环节中，数据的作用同样非常重要。数据可以作为一种独立的要素，也可以作为传统要素的互补或替代品，投入到生产中。数据本身可以成为企业的一项资产，形成数据资本。这些数据资本可以直接作用于企业的生产过程。不仅如此，数据还可以优化企业生产要素的配置，推动其他生产要素的优化和升级，从而提高生产效率和增加产出规模。换言之，通过充分利用数据，企业可以更好地组织和管理生产过程，以获得更高的效益和更大的产出。

在市场匹配环节中，数据的运用可以极大地提高市场的匹配效率，使得市场经济更加高效。数据的使用可以降低搜寻成本，减少信息不对称和信息摩擦的问题，这样企业就能更准确地判断何时何种产品对消费者更有价值，而消费者的需求也能更快速和更好地得到满足。通过数据的运用，供应方和需求方能够更快速、更准确地相互匹配，从而提高市场的有效性。

78. 数据确权为何重要?

数据确权意为确定数据的权利归属,不仅要确定谁对数据拥有权利,还要确定这些权利的具体内容。数据确权是数据产业链的第一步,它为数据的交易、流通和分配等环节奠定了基础。如果数据的权属不明确,将会打击数据市场参与者的积极性,也会使数据的利用和保护无从谈起,这将阻碍数据产业的健康可持续发展,成为数字经济发展的一个重要制度障碍。然而,由于数据要素具有独特的特性,传统的确权方法无法直接适用于数据,这使得数据确权成为一个具有争议的重要议题。目前,世界各国均没有能够达成各界共识的数据确权方案并将其付诸实践。

在国家层面上,中共中央、国务院发布了"数据二十条"。这份文件提出资源持有权、加工使用权和产品经营权"三权分置"的数据产权制度框架,这一理念对于我国建立系统化的数据要素基础制度具有重要的理论和实践意义。

对于数据确权的具体方式,目前存在着多种不同的观点和方案,还存在很多讨论空间。由于数据要素可以创造经济利益,所以目前的研究大多认为数据权利是一种财产权,或者至少承认数据具有一定的财产权属性。[1] 然而,在数据产权归属的问题上,学者存在着很大的分歧。以用户数据为例,传统的数据确权方案

① 申卫星:《论数据用益权》,《中国社会科学》2022 年第 11 期。

大体上可以概括为三类，即分别主张由企业拥有数据产权、个人拥有数据产权和"模糊"数据产权。最近，还有一些学者提出了基于生成场景的数据确权观点。[①] 他们认为数据是一种生成品，而不是天然存在的禀赋。他们分析了数据生成的过程，将数据生成的参与方划分为信息提供者和数据采集者，并提出数据的初始产权应该在参与数据创造的各方之间进行分配。他们认为，确立数据的初始产权应该是通过分散化的、各参与方基于一定规则的协商和契约来实现的。总之，对于数据确权的问题，学术界还存在许多不同的观点和方案，需要进一步地研究和讨论。

79. 数据要素如何分级分类授权？

数据的确权是数据作为生产要素参与生产、交易的前提，只有数据产权清晰才能保证数据产权所有者获取合理的利益分配，才能激励数据要素的创造和流通。当前数据要素市场中存在的很多问题都是数据权属不清导致的。例如，互联网平台过度收集用户信息，用户不提供个人信息进行注册就无法使用平台服务，用户信息遭到泄露，收到各种诈骗骚扰电话的现象时有发生。同时，数据权属不清也会给数据流通带来较大的交易成本，买卖双方可能需要就数据的利益分配进行大量协商，从而阻碍数据的流

---

① 刘涛雄、李若菲、戎珂：《基于生成场景的数据确权理论与分级授权》，《管理世界》2023 年第 2 期。

通，进而阻碍数据价值的充分发挥。

尽管数据确权对整个数据要素市场的建设十分重要，但数据要素的独有特征使其无法直接沿用传统生产要素的确权方法。数据要素具有虚拟性、非竞争性、部分排他性、外部性、隐私属性、敏感性更高、有明显的规模报酬递增的特征，且数据具有"场景专用性"特征[①]，同一数据在不同场景下体现出的价值区别较大，参与数据价值创造的各方享有的权利规模也随应用场景的不同而有所差异[②]，这些都给数据确权带来了理论和技术难题。

数据要素的分级分类授权为数据的确权提供了一种新的解决思路，它是让用户和数字平台围绕数字经济的生产活动进行市场化的数据分级授权。用户在数字平台上所产生的一系列数据及其衍生的数据权利，由用户和数字平台共同拥有。分级分类授权有效避免了传统确权方法面临的难题，即不再纠结如何合理划分用户和平台的权利份额，而是让用户和平台对其共同拥有的数据和衍生权利达成一个授权协议，授权的对象是数字平台，数字平台可以使用授权后收集到的数据要素开展生产活动。

数据要素确权时面临的关键矛盾是如何处理未来数据使用可能对相关主体带来的负外部性，这一负外部性的大小与后续数据

---

① 龚强、班铭媛、刘冲：《数据交易之悖论与突破：不完全契约视角》，《经济研究》2022 年第 7 期。

② 戎珂、刘涛雄、周迪等：《数据要素市场的分级授权机制研究》，《管理工程学报》2022 年第 6 期。

流动的广度和深度密切相关。因此，数据要素分级分类授权的基本思路是从后续对数据使用与交易的权限出发，对其内容和程度进行标准化分级分类，方便各参与方在有限的选项中进行选择。例如，数据产权包括使用权、转让权等多项细分权利，在授权时，数据信息的提供方可以仅允许数据信息的处理方使用数据进行研发，但不能将数据转让给第三方，即获得数据的使用权，但不拥有数据的转让权，这就是数据分级分类授权的一个具体形式。数据信息的处理方获得的数据使用和交易的权限越多，意味着数据授权的级别越高。基于此，数据授权内容可以从"拒绝授权"到"完全授权"划分为若干级，其中"拒绝授权"意味着数据信息的提供者禁止其他方收集和转让其信息，而"完全授权"表示参与各方认可数据处理方对数据拥有完整的产权，包括对数据进行开发利用以及再次转让的权利，中间的若干层级是对数据进行不完全授权，例如可能包括允许数据处理方拥有协议内规定的使用权，但不拥有再次转让的权利，比这再高一层级的授权可能体现为数据开发者对外提供数据的本地访问和使用权，但不能将原始数据转让获利。

数据分级分类授权的一个典型协商流程主要包括以下三步：首先，在数据处理之前，数据处理方向数据信息的提供方说明不同授权级别下的数据采集范围、获取的数据使用和交易权限、向提供方支付的报酬；其次，数据信息的提供方选择能够实现自身利润最大化的授权级别，签订授权协议；最后，数据处理方按照协议内容进行数据的使用和交易。由于数据分级分类授权相当于为授权方和被授权方提供了一个可选菜单，与没有这一授权机制的情况下双方直接协商相比，可以大大降低双方的谈判时间，提高数据授权的效率，对充分发挥数据要素的价值具有重要意义。

80. 数据定价的方式有哪些？

数据定价对数据要素的市场化配置具有重要的意义，合理的定价模式可以促进数据的充分流通和数据价值的充分释放。一个合理的价格水平应该实现买卖双方及利益相关者公平的利益分配，同时满足高效匹配原则、真实性原则、无套利和保护隐私原则。现实中实际应用的数据定价方式和数据定价的理论分析是对上述原则的取舍和整合。

在实际生活中，我们经常接触到各类数据定价方式。例如，用户在开始使用某个手机应用时，通常需要同意一些隐私协议，向数字平台提供部分个人信息，从而享受平台提供的服务。此时，用户享受的平台服务就可以理解为平台对用户信息的定价，通常，平台收集的用户信息越多，用户能够享受到的服务种类越丰富，服务质量越高。再如，政府、企业、学校、研究机构等通常会发放一些问卷，收集个人信息，用于提高政府服务质量、提高企业收入、调整教学模式、获取研究样本等，为调动参与积极性，问卷发放者有时会发放红包、奖品或优惠券等作为问卷填写的回报。发放的红包或奖品就是对问卷中收集的数据信息的定价。又如，某些科研机构或数据公司会以固定的价格出售数据集，或以会员订阅的方式允许用户在会员期内获取相应数据，等等。

现有文献中提到的数据定价方式大概可以划分为三类。第一类是依据数据买方购买数据后使用数据产生的价值定价，例如，库特里斯等（Koutris 等，2015）提出了基于查询的数据定价模式（Query-based Data Pricing），根据查询任务和数据的组合方式进行数据定价。[①] 第二类是依据卖方提供的数据价值优劣、数据信息的隐私程度进行定价。萨伊科等（Sajko 等，2006）提出了一种确定数据综合价值的方法，即对数据的成本、特征、现值等多个维度的重要程度和现值进行评估，得到数据每个维度的价值，再得到数据的综合价值。[②] 戈什和罗斯（Ghosh 和 Roth，2011）提出了要对数据要素的卖方提供隐私补偿，数据平台让数据卖方即数据所有者给出反映卖方数据隐私水平的报价，基于此决定从数据卖方处购买的隐私水平，并确保该隐私水平得到保护，本文用差分隐私的方法衡量隐私泄露水平，对数据卖方进行

---

① Koutris, P., Upadhyaya, P., Balazinska, M., Howe, B., Suciu, D., "Query-based Data Pricing", *Journal of the ACM（JACM）*, 2015, 62（5）, pp.1–44.

② Sajko, M., Rabuzin, K., Bača, M., "How to Calculate Information Value for Effective Security Risk Assessment", *Journal of Information and Organizational Sciences*, 2006, 30（2）, pp.263–278.

补偿。[①]第三类是以数据自身价值为基础，依据市场的供求关系、市场结构等进行数据定价。垄断市场中处于垄断地位的数据厂商拥有较强的市场势力，可以利用价格歧视等方式实现利润最大化，而完全竞争的市场中数据提供厂商竞争激烈，数据价格和厂商利润均较低。在寡头市场结构中，数据定价通常由多个数据卖方之间、数据卖方和数据中介、数据买方之间的博弈均衡决定，数据拍卖也是数据定价的常用方式，阿加瓦尔等（Agarwal 等，2019）基于迈尔森拍卖理论（Myerson Auction）设计了机器学习训练数据的组合拍卖方法。[②]

81. 什么是数据的场内和场外交易？

数据交易是指数据供方和数据需方之间以数据商品作为交易对象，按照共同遵守的交易规则和定价机制对数据的所有权、使用权等进行价值交换。广义的数据交易涵盖了数据共享、数据开放、数据流通与数据互联等方面。随着数据技术和互联网的不断发展，数据交易市场日渐活跃，交易方式也逐渐多样化。其中，数据的场内交易和场外交易就是常见的两种方式。

---

① Ghosh A., Roth A., "Selling Privacy at Auction", Proceedings of the 12th ACM Conference on Electronic Commerce, 2011, pp.199–208.

② Agarwal, A., Dahleh, M., Sarkar, T., "A Marketplace for Data: An Algorithmic Solution", Proceedings of the 2019 ACM Conference on Economics and Computation, pp.701–726.

场内交易是指在数据交易所进行的交易。数据交易所一般是政府牵头、多方参与建设的一个场内交易场所，比如贵阳大数据交易所、东湖大数据交易中心、华中大数据交易所、上海大数据交易中心、江苏大数据交易中心等。场内交易的主要特点是交易透明度高、交易效率高、交易成本低，同时也有交易风险可控等优点。场内交易的价格和交易量都可以被公开报价，并且交易信息也被交易所和监管机构监管，投资者可以在交易所内进行交易并受到保护。虽然场内交易的数据供需双方在政府监管下进行原始数据的交易。但由于信息不对称，原始数据的交易存在很多障碍，导致大部分数据交易所的交易规模有限，发展速度较慢。

场外交易是指在非交易所的场合进行的交易活动，这种交易方式比较灵活，不受交易所开市时间和规则的限制，可以根据双方需求进行定制化交易。这是因为现实中存在着大量的数据需求，很多无法通过数据交易所满足，因此市场上很多数据需求者通过一定渠道找到数据供给者，双方协商后，通过数据交易合同进行数据的交易。在数据交易中，场外交易通常是指通过第三方平台或自建交易系统，由数据提供方和数据需求方自主进行交易。场外交易的特点主要包括交易灵活、价格高效、交易门槛低和交易隐私性强。但同时也存在很多问题，比如私下交易难以监管、数据容易被二次转让、交易价格不稳定、流动性不足等。因此，政府和相关机构应加强监管，建立透明、公正、可信的数据交易平台，完善数据交易法规，提高交易安全性和透明度，实现数据交易的规范化和健康发展。

82. 数据交易所提供的主要服务有哪些?

数据交易所(中心)一般是指政府牵头、多方参与建设的一个场内数据交易场所。2015 年,贵阳大数据交易所成立,它是全球第一家大数据交易所。此后,各地的数据交易所纷纷成立。特别是自 2021 年以来,北上深广相继成立数据交易所,促进数据交易所创新发展。2021 年 3 月,北京国际大数据交易所成立;2021 年 11 月,上海数据交易所成立;2021 年 12 月,深圳数据交易所成立(2022 年 11 月正式揭牌);2022 年 9 月,广州数据交易所成立。《数字中国发展报告(2022 年)》显示,截至 2022 年底,全国已成立 48 家数据交易机构。

围绕数据交易全流程,聚焦确权难、定价难、互信难、入场难、监管难等问题,数据交易所主要提供如下服务:

(1)交易前服务

数据确权登记:数据交易所利用区块链、多方安全计算等技术,建立数据登记系统,为数据主体的数据资产提供登记服务,颁发数据资产证书,明确数据权属,并为登记确权的数据生成唯一的数字标识,便于数据的后续交易。

合规评估:数据交易所从多角度对数据产品进行合规性评

估，颁发专业的合规评估报告，确保入场数据合法合规。评估注重数据采集过程的合规性，比如数据采集者是否取得相应授权、是否有相应的采集资质等。

资产评估：数据交易所可以通过联合研究等多种方式确定数据资产的评估标准，然后由专业的数据资产评估机构对数据资产进行科学的价值评估，进而出具第三方评估报告。数据确权和资产评估是数据后续定价和交易的重要依据，需要严格把关。

质量评估：从数据时效性、独特性、可移植性、互操作性和准确性等多维度出发，全面评估数据产品的质量，出具专业的数据质量评估报告。

（2）交易中服务

交易撮合：数据交易所打造适合大规模交易的匹配平台，同时利用数据经纪人等机构，高效匹配数据需求方和供给方。数据交易双方可以通过交易所进行磋商，确定交易内容、价格、交付方法、数据用途等交易条款。

数据定价咨询：数据交易所联合多个机构打造数据定价模型，提供不同场景不同类型数据的定价方法。具体来说，在考虑数据要素特征的同时，参考其他生产要素的定价机制，根据数据开发成本、数据规模、数据质量、市场供求等因素综合评估数据产品价格。

数据计算和开发：数据交易所利用隐私计算、机器学习、区块链等最新技术构建数据计算平台，对数据进行加密运算，实现数据的"可用不可见"，从而分离数据所有权、使用权等。数据计算平台也可以提供数据模型构建和训练等建模服务。

（3）交易后服务

交付服务（交易结算）：数据交易所具有中介属性，可以为数据交易双方提供可信的交付环境。数据需求方根据数据交易协议将预付款交给交易所的平台运营方，待数据交易完成，平台运营方完成结算。

交易仲裁：数据交易所成立权威的数据仲裁机构，解决交易中的纠纷问题。例如，上海数据交易所在浦东新区成立了数据仲裁中心，该中心提供咨询、立案、审理等仲裁服务。

83. 数据要素市场面临哪些问题？

建成能够进行数据要素流通和交易的市场可以提高生产和服务的效率，吸引国际数字企业进行业务合作，促进技术创新，对数字经济的发展有着重大意义。我国具备构建大型数据要素市场的数据规模与量级各项条件，但想要构建完善的市场，参与国际间的数据交易和流通，仍面临至少三大亟待解决的问题。

第一，数据的资产登记体系尚未成熟。数据想要进行流通和交易，第一步是确认这份数据属于谁并由相应机构提供有效的证明，即数据确权和资产登记。目前，前沿理论研究已经给出数据分级分类授权的确权方案，且已经在大量实践中得到应用。然而，在数据确权逐步形成共识并得到解决的同时，数据资产的登记和评估从理论到实践尚处于初步探索的阶段。例如，企业 A 用自己的技术获取了一份关于某地区历年 GDP 的数据，这份数据理应归该企业所有，但是否应该向这份数据颁发资产证明并允许交易流通？如果颁发证明，当企业 B 独立采集该地区 GDP 这一公开数据的时候，是否要向企业 A 支付一笔费用？如果需要支付，这对企业 B 未免有些不公平。如果不予以证明，企业是否会失去采集公开数据的动力？这些问题尚无定论，但建构完善的数据资产管理体系是当下所必须面对的制度挑战。

第二，数据交易技术仍需进一步完善。目前主流的数据交易所网站只提供数据集的直接采买业务，但许多数据相关业务需要利用更加复杂的技术。以隐私计算为例，这是一种在处理、分析和计算数据的过程中能保持数据不透明、不泄露、无法被计算方法以及其他非授权方获取的技术，可以充分保障数据的隐私安全，调动交易和数据要素流通的积极性。如果诸如此类的技术框架尚未完善，大量需要多方合作的数字业务便无法进行。

第三，国内尚未培养出数据流通和贸易的产业生态。国内的数据交易在各地的大数据交易中心推行已久，然而交易规模依然十分有限。国内首个交易所——贵阳大数据交易所成立 7 年后其累计交易额才破亿元，而许多数据交易所都不披露数据交易额。

南都大数据研究院的数据显示，截至 2022 年 4 月，数据交易所在我国数据交易市场中所占份额仍不足 5%。数据交易生态尚未形成，仍需技术进步和基础设施建设的协同发力，挖掘更多可能的数字业务，同步增加整个市场的供给和需求。

艰难困苦，玉汝于成。促进建成制度完善、技术可信、对外开放的数据要素市场，仍需积极探索和多方努力。

84. 数据要素如何参与收入分配？

生产要素根据三次分配机制参与收入分配，数据要素同样如此。三次分配机制包含初次分配、再分配和第三次分配：初次分配是指通过将生产要素提供给市场来获取收入；再分配是指政府通过税收或扶贫政策来调节从市场获得的收入；第三次分配是指人们自愿之间进行的捐赠和转移收入，例如对公益事业的捐款，这种分配既不属于市场分配，也不属于政府分配，而是基于道德力量进行的分配。[1] 数据要素参与收入分配以市场机制为主，以再分配和第三次分配为辅。

数据要素参与初次分配主要是通过市场机制实现的。我们可以通过数据要素的三级市场来理解数据要素如何参与初次分配。数据要素的一级市场是授权市场，解决的是"数据怎么来"的问

---

[1] 李莹：《实现全体人民共同富裕的现代化：三次分配的定位、挑战与对策》，《当代经济管理》2023 年第 7 期。

题。个人或企业可以通过授权数据采集来获得收益。有两种具体方式：一种是个人数据的直接交易，例如，数据堂通过与数据提供者签署授权协议，使个人直接获取收益；另一种是个人数据交换"零价商品"，例如，在微博等社交平台上，用户将个人数据授权给平台，以获得免费的数字社交服务。数据要素的二级市场是数据交易市场，解决的是"数据本身共享"的问题。市场参与者可以通过销售经过脱敏处理的数据或数据中间产物来获得收益。数据要素的三级市场是产品或服务市场，解决的是"数据价值实现"的问题。市场参与者可以通过销售开发的数据产品或服务来获得收益。例如，腾讯利用其掌握的个人定位数据和人口流动数据，向麦当劳提供基于定位信息的数据服务，帮助麦当劳更好地选择门店位置。

数据要素参与再分配的主要方式是通过税收调节，即通过税费、转移支付和改善基本公共服务等手段来平衡数据要素的收益分配。当平台企业拥有大量数据时，它们的生产活动会创造巨大的增值价值，但贡献数据的个体并没有分享到这部分增值的价值，因此需要对这部分增值进行数据税的征收。同时，个体在与平台企业进行协商时，由于议价能力有限，需要由政府税收托底。政府通过征收数字税等方式获得数据财政收入后，可以将这部分收入进行再分配，分配给小企业促进其创新，或者支持数字基础设施的建设。

数据要素参与第三次分配的主要方式是数据慈善，即企业和个人捐赠部分数据收益的行为。一个例子是联合国的"全球脉动"(Global Pulse)计划提出的"数据慈善"概念,即个人或营利组织以无私的方式捐赠数据,而不寻求任何利益回报。在该计划中,私营企业以安全和匿名的方式分享他们对用户的了解,以支持联合国更好地保护弱势群体。通过这种方式,数据可以用于社会公益事业,从而使数据的好处得以广泛传播,造福社会。

85. 数字要素如何促进经济增长?

人类经济社会的发展史是生产力前沿不断突破、生产要素概念不断拓展的历史。从农业经济时代土地、劳动力要素的凸显,到工业经济时代全球化浪潮下资本强大生机与活力的焕发,再到数字革命后数据成为新的生产要素,生产要素的概念随着技术进步被拓展至五元论(劳动力、土地、资本、技术与数据五种生产要素)范畴。

稀缺性问题与边际收益递减的规律与事实限制了传统生产要素推进经济持续增长的能力。区别于传统生产要素,数据要素打破资源的稀缺性、损耗性限制,能够无限供给。从而,数据要素将必然具有规模经济与外部性特征。目前经济学的研究认为,数据主要通过作用于生产活动的直接方式,或者先作用于创新活动再影响生产活动的间接方式促进经济增长。而由于数据要素对企业业务全流程的广泛渗透,其将从研发设计到生产制造再到企业运营进行全方位赋能。

在研发设计领域，数据将实现更精准的市场趋势研判、助推企业研发设计进程加速、降低研发设计成本。基于数据所蕴含的宏观市场信息，数据将有助于企业精准识别市场需求，提前研判未来市场发展趋势，明确研发设计基本方向。基于模拟仿真、大模型等数字技术，企业能够以更低成本、更快速度进行已有知识的重新组合，从中寻找出可行的路径。之后，在数字技术所搭建的试验验证环境中，基于对应数据所搭建而成的适配模型，进行相关产品、服务的数字空间试验，推进整个研发设计进程。目前，在生物医药、航空航天、汽车制造等领域，数据对研发设计的全方位赋能已得到广泛应用。

在生产制造领域，基于物联网、云计算等技术，数据能够从各终端得到采集汇聚，有助于企业更合理改造生产流程、更高效利用生产设备。在数据赋能企业生产制造之前，由于企业内部不同部门间所存在的数据孤岛现象，在不同部门、不同生产流程间信息的不畅造成效率的缺失。通过统一采集数据后进行整体重组，一方面能够极大提升企业生产效率，另一方面能够更合理利用企业生产设备，从而实现企业降本增效。例如，在进行数字化改造升级后，基于对企业生产设备信息的更准确掌握，共享制造等模式成为箱包制造等行业的新兴模式，这一模式能够实现产能的更有效利用，达到整体意义上的降本增效。

在企业运营、营销等领域，数据能够为企业的决策制定提供有力支持。通过数据分析和建模，企业能够识别关键的业务洞察，为管理层提供准确的决策依据。随着大数据和个人信息的收集与分析，企业能够更好地了解消费者的偏好和需求，实施个性化营销策略。通过数据分析，企业可以精准地定位目标消费者，并提供符合其需求的产品和服务。这种个性化营销不仅提高了消费者的购买体验，还提高了企业的销售效率和市场份额。此外，数据还可用于改进售后服务，从而提高市场竞争力。

86. 数据治理是什么？

按照国际数据管理协会（DAMA）所述，数据治理主要涉及对数据资产进行权威的管理和监督，包含规划、监控以及实施等方面。[①] 虽然国际数据管理协会的解释主要聚焦于组织内部的数据治理，但现代观点认为，数据治理的应用范围应超越单一组织，扩展至组织外部及组织之间的互动。数据治理的核心目标在于，通过制定系统化及标准化的流程，把数据视作一个战略性资产或资源来管理，以此提升数据的品质和价值，同时尽可能减少与数据相关的成本和风险。因此，我们可以将数据治理定义为一系列活动，这些活动围绕对数据资源的管理、控制展开，旨在达成数据价值最大化和风险控制的平衡，进而提升数据的质量，充

---

① DAMA International 2009, *The DAMA Guide to the Data Management Body of Knowledge*, New Jersey: Technics Publications, LLC.

分实现数据的价值。

谈到数据治理的框架体系，由于其包含多个维度，因此可以从不同的角度来构建这一框架。首先，从组织架构的角度来看，数据治理涵盖了组织体系、标准体系、流程体系、技术体系等方面，具体的业务活动包括数据标准的制定和数据质量的管理等。其次，从组织层面的视角出发，梅宏提出了一个较为全面的数据治理框架，即所谓的"434框架模型"，它覆盖了管理体制、资产地位、共享开放、数据安全4个关键领域，横跨国家、行业和组织3个层面，涉及制度法规、标准规范、实践应用及技术支持4个手段。[①] 最后，从学科视角来看，不同的学科会关注数据治理的不同方面，例如，法学可能会重点关注个人信息保护、企业利益保护、政府数据开放和社会安全等问题，而经济学则可能关注数据资源如何转化为生产要素、如何安全高效地配置数据资源，信息科学则可能更关注数据的采集、整合、分析和隐私保护等问题。

深入探讨数据治理的核心内容，我们可以总结出几个主要方面：第一是数据安全保护。数据安全是数据产业发展的基础，也是其可持续发展的关键。在我国，无论是个人、企业还是社会层面，数据安全都面临着挑战。如何在数据的收集和流通中保护用户隐私，确保用户对其个人信息拥有足够的控制权，是当前亟须

① 梅宏：《数据治理之论》，中国人民大学出版社2020年版，第131页。

解决的问题。第二是数据的确权。在数字经济时代，数据已经成为一种关键资源。对数据所有权和使用权的明确界定，关系到数据能否被高效合理地利用。然而，现行的法律法规在数据权属界定上仍不够明确。数据确权是数据产业链的起点，没有明确的数据权属，数据的交易、流通都将缺乏法律依据。此外，数据的授权方式也需要进一步探索。第三是数据交易体系的建设。我国已经建立了多个大数据交易平台，但其交易规模仍然有限，交易所外的分散交易也面临风险。这背后反映出数据交易体系和模式的不成熟，技术机制和法律法规的不完善。因此，发展数据交易体系成为数据治理的一项重要任务。第四是数据收益的分配。一个合理的数据要素收益分配机制可以促进数据的流通和交易，激发市场活力。然而，当前在数据收益分配过程中存在众多问题，如数据垄断、缺乏明确的定价模式、分配主体不明确等。最后，数据市场的监管也是一个关键问题。当前我国数据市场监管体系仍存在不足，比如数据市场监管缺乏协调性，对数据侵权行为的惩罚力度不够等。

87. 如何构建数据安全流通的基础设施？

数据安全流通基础设施是指能实现数据安全存储、流通、交易等功能，涵盖技术、市场、制度的"三位一体"数字基础设施。数据安全流通基础设施既是我国构建数据基础制度的基座，

也是我国数据产业可持续健康发展的前提，事关国家发展和安全
大局。

第一，从技术发展来看，应该基于安全、高效、普适的原
则，构建数据要素流通技术基础设施。例如，加速研发能支撑数
据安全计算的芯片，推动多种技术路线融合发展，不断完善技术
标准体系，提升算力。

第二，从市场培育来看，应该鼓励多层次市场主体探索数据
安全流通市场化解决方案。对场内的数据交易所及交易中心而
言，在数据合规可证、系统监管等方面具有比较优势，可以围绕
公共数据和特殊行业数据来构建生态。对场外数据平台而言，在
数据资产定价、衍生服务方面具有比较优势，可以围绕多样化数
据场景需求来构建生态。总之，要共同引导市场主体探索构建安
全可证、隐私保护、流程可控、高效稳定、开放普适的数据要素
流通方案。

第三，在制度建设方面，应该针对不同类型数据和场景采取
差异化制度设计。对数据标准制度建设而言，一方面，要进一步
细化行业数据分类分级标准，落地更细化的配套约束条例；另一
方面，要制定标准化的数据存储和导入格式，促进部门、行业间
数据安全、高效联通。对技术标准制度建设而言，应该以信息安
全技术相关国家标准为基础，针对数据安全流通问题，组织市场
主体和政府部门研究不同细分行业数据流通交易对安全和效率的
要求，联合国家标准委制定行业适用的隐私计算技术标准，满足

数据安全流通的多场景需求。对数据市场监管制度建设而言，应推进多层次数据监管制度建设，在数据分类分级基础上，根据数据敏感性和授权程度制定多层次数据交易、利用监管制度。

此外，在推动数据跨境流通基础设施方面，也要以技术、市场、制度"三位一体"数据安全流通解决方案来推动世界数据跨境流通治理。具体而言，通过各项标准规范技术手段，打造可信环境；通过组织建设和规则建设拓宽市场空间；通过制度建设解决国际争端，共同推动数据要素在全球的安全自由流通。

88. 数据标准化的作用是什么？

数据标准化主要涉及为数据价值链的各个环节制定和执行一系列标准。[1] 数据价值链包含数据的确权、授权、采集、整理、加工、交易、生产和消费等多个环节。[2] 在这一过程中，政府、企业和各种平台扮演着数据采集和整理的角色，而数据加工则涉及那些基于数据资源来开发数据要素和产品的主体。数据标准不仅包括政府和国际标准化组织（ISO）等标准化机构所制定的标准，也包括企业内部的标准。目前，我国在数据估值、数据共

---

[1] Gal M., Rubinfeld D. L.,"Data Standardization", *New York University Law Review*, 2019, 94（4）.

[2] 刘涛雄、戎珂、张亚迪：《数据资本估算及对中国经济增长的贡献——基于数据价值链的视角》，《中国社会科学》2023 年第 10 期。

享、数据采集、数据处理和数据监管等方面的标准化工作仍有待加强。^① 因此，基于现有研究可以认为，数据标准化是为了确保数据的一致性和可操作性、促进数据的流通和利用而制定和实施标准的过程。

数据标准化作为数据治理不可或缺的一部分，它不仅有助于数据价值的实现和风险的管理，还能促进数据的安全、高效、大规模流通和应用，从而充分发挥数据的价值。具体而言，数据标准化的作用主要体现在以下几个方面：首先，它能够增强数据的安全性。通过制定和执行相关的标准，数据标准化有助于规范数据的加工和流通过程，推动对数据的分级和分类管理，进而降低数据流通和应用中的安全风险。其次，数据标准化能够促进数据的流通。目前，数据交易所未能大规模发展的一个重要原因是数据交易标准的缺乏。原始数据通常是非标准化的，这使得数据的价值难以衡量，数据产品难以定价，数据资源处理困难，从而阻碍了数据的大规模流通。因此，数据标准化是促进数据定价和交易的关键。^② 它有助于解决数据定价难、计量难、规模化难的问题，大大降低市场交易成本，促进交易市场的繁荣发展。最后，数据标准化能够大幅提高数据的应用价值。在数字经济时代，数

---

① 王伟玲、吴志刚、徐靖：《加快数据要素市场培育的关键点与路径》，《经济纵横》2021 年第 3 期。

② 熊巧琴、汤珂：《数据要素的界权、交易和定价研究进展》，《经济学动态》2021 年第 2 期。

据被视为"新石油",因此,类似于石油"提炼"过程的标准化
是提高数据价值的关键环节。标准化增强了数据的可移植性和
互操作性,从而大幅提升了数据的价值。① 具体来说,数据标准
化促进研发创新,通过将原始数据转化为结构化数据,使其能够
用于知识生产和创新;数据标准化提高生产效率,原始数据经过
标准化和分析后,能够作为生产要素发挥作用,进一步提升生产
效率② ;数据标准化提高市场匹配效率,标准化的数据在保障数
据安全的同时,加强了数据的可移植性和互操作性,促进了数据
的整合和协同应用。

89. 如何提升数字平台的个人信息保护水平?

信息技术广泛应用、信息网络快速普及,个人数据涌入移动
互联网、物联网中,淘宝、京东、微信、滴滴打车等互联网平
台,凭借巨大的用户体量掌握着姓名、联系方式、居住地、身份
证号、行踪轨迹等个人信息。云计算等新兴技术的发展在方便居
民生活的同时,也威胁到居民的信息安全。公安部数据显示,仅

---

① Gal M., Rubinfeld D. L.,"Data Standardization", *New York University Law Review,*
2019, 94 (4).
② 徐翔、赵墨非:《数据资本与经济增长路径》,《经济研究》2020 年第 10 期。

2021年，全国公安机关共侦办侵犯公民个人信息、黑客攻击破坏等案件共6.2万余起，同比增长10.7%，抓获犯罪嫌疑人10.3万余名，同比增长28.7%；行政处罚违法互联网企业、单位2.7万余家。[①]

个人信息泄露事件发生，互联网平台企业首当其冲。互联网平台企业的信息泄露有两种类型：一种是第三方攻击平台、平台数据被迫流出；另一种是平台收集数据转化为数据产品时脱敏不足。对于前者，平台应采用安全系数更高的加密技术、防火墙、入侵检测等手段，同时也需要提高平台企业员工的信息保护意识、加强对合作伙伴的监督和约束。对于后者，平台需要事前获得消费者许可，让平台和用户自主选择授权程度以提供（享受）服务、用于（允许用于）数据产品交易，采用分级授权的方式尽可能灵活地收集[②]，以期在市场中实现个人信息保护和平台数据运用的双赢。

同一平台拥有的数据越全面、越丰富，数据泄露的风险越是不容忽视。在做好数据脱敏的基础上，赋予用户一定自由度选择分享部分信息，能够在保护个人隐私的基础上，保留平台公司获取、应用数据的能力，为生产生活提供高质量的产品服务。

[①] 何方：《2021年共侦办侵犯公民个人信息案件9800余起》，人民政协网，2022年，http://www.rmzxb.com.cn/c/2022-01-14/3028017.shtml。

[②] 刘涛雄、李若菲、戎珂：《基于生成场景的数据确权理论与分级授权》，《管理世界》2023年第2期。

　　仅靠商业道德、公众利益约束企业是不够的，政府的监管也不可缺位。有法必依的前提是有法可依。事实上，早在 2012 年，我国便开始重视个人信息保护，着手建立法律法规，打击随意收集、擅自使用、非法泄露甚至倒卖公民个人电子信息等违法活动。① 时至今日，我国已逐步建立个人信息保护法规条例，健全、完善个人信息保护法治体系。《网络安全法》（2016 年）、《信息安全技术公共及商用服务信息系统个人信息保护指南》（2013 年）、《电信和互联网用户个人信息保护规定》（2013 年）等均是包含个人信息保护内容的一般性法律。2021 年 8 月 20 日，第十三届全国人民代表大会常务委员会第三十次会议通过《中华人民共和国个人信息保护法》，系统性整理并扩展了分散在《网络安全法》《消费者权益保护法》《电信条例》等网信条例和《中国人民银行法》《商业银行法》《证券法》《保险法》《反洗钱法》《征信业管理条例》等金融条例中的个人信息保护内容，确立个人信息处理规则、个人信息跨境提供的规则、个人在个人信息处理活动中的权利、个人信息处理者的义务、履行个人信息保护职责的部门，明确了各个主体在个人信息保护中的法律责任。

---

① 新华社：《我国拟立法保护公民个人电子信息　完善相关制度》，2012 年，http://www.gov.cn/govweb/jrzg/2012-12/25/content_2297743.htm。

90. 数据隐私保护的影响有哪些?

　　近年来，随着数据隐私保护意识的增强，我国实施了一系列相关的法律和法规，构建了以《网络安全法》《民法典》《数据安全法》《个人信息保护法》为核心的数据隐私保护法律框架。自2021年9月1日起实施的《数据安全法》，强调数据安全的保障，提出建立数据分级保护和数据交易管理制度。自2021年11月1日起实施的《个人信息保护法》，进一步确立了处理个人信息的核心原则，包括合法性、正当性、最小必要原则等。

　　数据隐私保护监管不仅在促进个人信息的保护方面发挥作用，同时也对经济产生了显著的影响。从积极的角度来看，首先，隐私保护能够提高部分企业的市场竞争力。重视隐私的企业通过提升隐私保护水平来吸引对隐私关注度较高的消费者，从而有可能扩大销售规模。例如，在应用程序市场中，隐私保护能够提升用户评价和需求。[①] 其次，适当的隐私保护措施可能提升个性化营销的效果，即便这可能会减少企业收集的数据总量。[②] 再次，隐私保护在某些情况下还可能激励技术创新，尤其是在医

---

① Kummer M., Schulte P., "When Private Information Settles the Bill: Money and Privacy in Google's market for Smartphone Applications", *Management Science*, 2019, 65（8）, pp.3470–3494.

② Godinho de Matos M., Adjerid I., "Consumer Consent and Firm Targeting After GDPR: The Case of a Large Telecom Provider", *Management Science*, 2022, 68（5）, pp.3330–3378.

疗等领域，通过降低信息技术开发和应用的成本促进技术的进步。① 最后，数据隐私保护还有降低数据存储成本等其他积极影响。

　　然而，隐私保护也可能带来一些负面影响。首先，它可能会增加企业的各种成本，如数据收集和合规管理成本，同时可能会降低企业的运营效率。例如，欧盟的通用数据保护条例（GDPR）实施后，企业收集到的数据量大幅减少，广告营销受阻，进而影响了网站的流量和收益。② 其次，隐私保护措施可能会阻碍基于数据的创新，提高创新成本，改变创新的方向和程度。例如，通用数据保护条例可能会减少企业的研发投入，减少新产品和新技术的开发。③ 进一步地，隐私保护的加强可能会抑制风险投资和创业活动，特别是那些与数据相关的投资。最后，隐私保护可能会加剧市场竞争的不平等，增加市场集中度。④ 在隐私监管加强的环境下，相比于小企业，大企业拥有更多的资源和能力来应对监管挑战，从而可能在市场上占据更大的份额。

---

① Adjerid I., Acquisti A., Telang R., et al.,"The Impact of Privacy Regulation and Technology Incentives: The Case of Health Information Exchanges", *Management Science*, 2016, 62（4）, pp.1042–1063.

② Goldberg S., Johnson G., Shriver S., "Regulating Privacy Online: An Economic Evaluation of the GDPR", 2022, Available at SSRN 3421731.

③ Janssen R., Kesler R., Kummer M. E., et al., "GDPR and the Lost Generation of Innovative Aapps", *National Bureau of Economic Research*,2022.

④ Johnson G. A., Shriver S. K., Goldberg S. G., "Privacy and Market Concentration: Intended and Unintended Consequences of the GDPR", *Management Science*,2023.

91. 数据平台反垄断的实质是什么？

平台垄断在数字经济时代将成为常态现象。不同于自然垄断的形成机制①，数据平台垄断是由于单个企业需要持续获取更多数据才能形成更强的网络效应，进而实现规模经济，提高经济社会生产运营效率。由于数据要素具有海量性和自生长性，是平台企业的核心资本，因此数据平台垄断也容易成为常态。然而，这并不代表数据平台就不需要反垄断，恰恰相反，数据平台垄断问题的核心是其垄断行为及其带来的负面影响，而非平台规模。基于这一逻辑，数据平台反垄断至少包括如下几个方面。

第一，滥用市场支配地位。平台企业掌握着海量数据，在收集、处理数据的过程中存在大量不规范行为的问题，具体表现为，利用垄断地位违规收集、滥用个体用户数据，"大数据杀熟"、侵犯隐私等问题层出不穷且逐渐呈常态化趋势。例如，2018 年，中国消费者协会曾对 100 款 App 进行测评，结果显示超九成 App 涉嫌过度收集用户个人信息，还有大量 App 的"霸王条款"严重威胁用户个人隐私。

第二，扰乱市场竞争。数据成为平台实现垄断的工具。数据平台为排除和限制潜在竞争对手，采用垄断协议（合谋、定价）

---

① 自然垄断的形成机制：单个企业大规模生产经营比多个企业同时生产经营平均成本更低、更有效率，因此，单个企业占有资源即可垄断，比如自来水、电力、邮政等行业。

的方式提高市场准入门槛，进而挤压中小企业竞争和创新的空间。在这一过程中，平台经济领域"强者愈强，弱者愈弱"的马太效应不断加剧，严重扰乱了市场竞争。

第三，阻碍数据要素流通和价值实现。数据是平台企业的核心资产，在尚未建立安全高效的数据要素流通市场之前，企业分别掌握不同的数据且相互设置流通壁垒，彼此无法流通，形成了数据孤岛。同时，具有垄断地位的平台企业也没有数据共享的内生动力，对数据要素的流通与交易带来巨大阻碍。由于数据要素要在广泛的场景中交互才能释放潜在价值，因此数据要素的流通与交易受阻也间接地导致数据要素价值难以充分实现。

第四，损害消费者福利。数据平台利用掌握的数据进行数据产品和服务的开发，既改进了消费者体验，也为平台企业带来了丰厚的利润。然而，目前被平台企业占有的巨额利润是否应全部归属于平台企业呢？在数据权属尚未明晰，数据要素分配制度尚不健全的背景下，数据平台的垄断行为很可能损害消费者福利。

但也应当注意到，围绕数据垄断及其影响，目前还有不少争议。① 例如，部分观点认为，数据难以被垄断。首先，数据收集本身不具有排他性，新进的市场主体可能借助网络效应快速做大规模，从而掌握大量的数据，企业掌握数据是网络效应的"果"，

---

① 丁晓东：《论数据垄断：大数据视野下反垄断的法理思考》，《东方法学》2021年第3期。

而非"因"。其次，数据并不构成稳固的竞争优势，帮助企业维护垄断地位。多样性是大数据发挥价值的重要基础，经营者对单一数据来源的依赖度低。数据价值依赖于具体场景，且具有时效性，数据的竞争优势难以在不同场景中迁移，也难以长久持续。尽管作为生产要素，与资本、技术等其他生产要素一样，数据也会提高企业产品或服务的竞争力，却不足以成为企业的"护城河"，帮助企业在产品或服务的相关市场中取得垄断地位。

因此，对待数据垄断这一命题还有进一步探讨的空间。但可以明确的是，分析平台垄断问题应该综合考虑垄断行为本身及其带来的负面影响，而非单纯的市场规模。

92. 数据产权保护未来会有哪些发展？

数据是数字经济时代的新型生产要素，具有和知识、技术同等重要性的地位。然而，当前数据要素仍然存在供给不足、流通受阻、价值未能得到完全释放等问题。2022年12月，"数据二十条"出台，提出了对数据基础制度建设的系统性指导意见。"数据二十条"强调了数据要素供给和开发的重要性和紧迫性，提出"强化优质供给""坚持共享共用"的原则，指出要"提高数据要素供给数量和质量""合理降低市场主体获取数据的门槛，增强数据要素共享性、普惠性""推动数据处理者依法依规对原始数据进行开发利用"。

数据要素具有类似于知识和技术的公共物品属性和累积性特征。因此，为了推动数据要素的供给和开发利用，需要相应的激励机制和产权制度。目前数据要素产权制度的研究主要围绕数据的确权展开，例如数据的分级分类确权、授权和权属分配等。考虑到数据要素权属关系复杂，且可能涉及个人隐私、公共利益等因素，数据确权的重要性显而易见。然而，数据确权仅仅是数据产权制度建设的一个方面。一个可以类比的问题是，知识产权保护制度并不仅限于对知识和技术进行确权，而是综合权衡创新者、竞争者、消费者各方的激励和利益，并从最大化社会福利的角度设计制度工具，如是否公开、保护期限、保护宽度等。

在解决了数据确权问题的基础上，阻碍数据流通和开发的一个重要因素便是数据产权所有者的收益分配不合理问题。若数据产权带来的收益不足以弥补数据开发的成本，就会导致数据开发不足。为了使数据收益分配有一个明确且科学的参考标准，激励数据的开发和流通，参考知识产权的保护制度，数据产权在未来应当明确数据的授权标准，即什么样的数据可以被授予数据产权，需要满足哪些标准；明确数据的保护期限，即产权所有者在多长时间内可以凭借数据所有权获取垄断利润；明确数据的保护宽度，即一个数据申请产权后，与之差异多大的数据可以申请新的数据产权。数据的授权标准为数据开发者提供了获得授权的基础门槛，数据的保护长度和保护宽度直接决定了数据开发者的利润水平、数据市场的竞争程度和社会福利水平，是数据产权制度在未来应当包含的基本内容。

由于经济活动中的数据种类多样，数据的价值随着应用场景的不同而有较大差异，未来可能会对数据施行分级分类的产权保护。依据不同数据具有的不同特征设计不同的最优保护长度和宽度的制度组合。在制定数据分级分类保护制度时，也要综合衡量保护层级增多带来的行政成本增加和匹配度的提高，可以依据社会福利最大化原则设计最优保护层级数。

可以设想，随着时间推移和技术进步，一份数据的数据量可能在不断增加，包含的指标可能也在不断扩张，类比技术进步的"质量阶梯"，我们可以将这种现象定义为"数据阶梯"，新数据将取代原数据，被取代的原数据尽管仍在法定保护期限内，但由于被更新的数据完全替代，原数据所有者的实际获利时间缩短。此外，初始数据要素也可能会经过再应用产生进一步的应用数据，或经过与其他数据进行再整合得到新的数据，数据的二次开发也具有重要的经济价值，为了促进数据要素的二次开发，未来的数据产权制度需要对数据二次开发的收益在原数据和再开发数据所有者之间的分配提供参考依据，使数据价值得到充分释放。

93. 数据跨境流通有哪些国际规则？

在数据跨境流通规则领域最具话语权的主要有欧盟、美国和中国。

第一，欧盟倡导对内大力促进数据流动和共享，对外严格把控数据跨境，维护数据主权。在数据跨境流动方面，欧盟通过"充分性认定"、标准合同条款等方式，仅与日本、韩国等 14 个国家构建跨境数据流动安排，与包括中国、美国在内的主要数据国家都没有实现数据自由跨境流通。时至今日，中国尚未通过欧盟的"充分性认定"，欧盟向中国的个人数据传输仍然需要其他替代性途径（如标准合同条款）来实现。

除了欧盟之外，还有许多国家以"安全"为核心关切，担心对国家政治、个人隐私等带来不利影响，大体遵循了严格限制数据流出的规则制度。例如，2006 年俄罗斯发布《关于信息、信息技术和信息保护法》《俄罗斯联邦个人数据法》，要求实行数据本地化和白名单式的数据流出政策。2015 年俄罗斯颁布第 242—FZ 号联邦法，规定国内外公司必须在俄罗斯境内的服务器上存储和处理俄罗斯公民的个人信息，强势推进数据本地化。2019 年在 G20 大阪峰会上，印度基于"印度及其公民对其数据享有主权，这种权利不应扩展到非印度人"的认识，反对日本提出的"基于信任的数据自由流动"方案，并和南非、印度尼西亚一起拒绝签署《大阪数字经济宣言》。

第二，美国积极倡导数据全球自由化流通，但实行数据跨境的"双标"政策。美国是数据全球化的积极倡导者，主张降低数据流动障碍，意在进一步扩张美国数字平台的已有优势和势力范围。早在 2012 年亚太经合组织（APEC）推出《跨境隐私规则体系》之始，美国就成为 APEC 跨境隐私规则体系（Cross-Border Privacy Rules，CBPR）的首个参与国。跨境隐私规则体系旨在促进区域隐私政策趋同，促进个人信息在公司之间跨境流动不受阻碍（只规范自愿加入 CBPR 的企业）。随后，墨西哥、日本、加拿大、新加坡、韩国、澳大利亚、菲律宾等也纷纷加入。此后，美国还在其他组织持续推动数据全球化，扩张网络空间霸权，例如，美国通过《韩美自由贸易协定》（U.S.-Korea Free Trade Agreement）、《跨太平洋战略经济伙伴关系协定》（The Trans-Pacific Partnership，TPP）、《美国—墨西哥—加拿大协定》（United States-Mexico-Canada Agreement，USMCA）等系列跨国合作协议，促进区域性的数据流动。

与此同时，美国靠其霸权地位在数据流动方面一直实行"双标"政策，对海外企业在美提供服务的数据要求本地化。例如，2020—2022 年，TikTok 曾面临被美国企业强制收购的风险，2023 年 3 月，TikTok 又在美国听证会接受了"大考"。

第三，中国兼顾数据本地化与全球化。在国际倡议和参与治理方面，2020 年 9 月，中国提出《全球数据安全倡议》，强调要维护全球信息技术产品和服务的供应链开放、安全、稳定，并积极实施国内数据立法和探索制定国际数据跨境规则。2020 年 6 月，新加坡、新西兰、智利三国联合签署《数字经济伙伴关系协定》（Digital Economy Partnership Agreement，DEPA），2021 年 11 月，中国就主动申请加入《数字经济伙伴关系协定》，表达与各成员国加强数字经济领域合作的愿望，并于 2022 年 8 月正式成立"中国加入《数字经济伙伴关系协定》工作组"。

在数据出境治理方面，中国颁布《数据安全法》《个人信息保护法》，以立法形式提出"数据本地化，兼顾对数据跨境流通的需要"导向，明确提出"国家机关处理的个人信息应当在中华人民共和国境内存储；确需向境外提供的，应当进行安全评估"。2022 年 7 月 7 日，中国颁布《数据出境安全评估办法》，进一步加强数据跨境监管，对于向境外提供在中华人民共和国境内运营中收集和产生的重要数据，需要采用"风险自评估 + 申报安全评估"的方法进行评估。

94. 国际数据治理模式主要有哪些？

近年来，世界各主要国家开始关注数据规模与数据分析处理能力在国际竞争中的重要地位。当前，全球已有 76% 的国家已经或即将出台数据治理相关法律和方案。各国因政治、文化、经济社会发展背景不同，以及占有的数据规模和掌握的数字技术能力等不同，对数据的安全和发展态度不一，纷纷从数据伦理、数据隐私保护个人信息保护、数据安全等维度制定符合本地发展目标的数据治理制度，形成了多种治理路线，其中最具影响力的数据治理模式主要有保护主义、自由主义、发展主义三种。

第一，保护主义治理模式。欧盟早期的数据治理制度是数据保护主义的典型代表，侧重自上而下、多方参与，通过制度约束实现治理目的，因此从平台企业数据处理和个人数据保护两方面对个人信息的绝对安全逐步构建了数据治理体系，同时鼓励非个人数据可开放共享，保证企业数字活力。如 2018 年颁布的《通用数据保护条例》，要求在合法、公平、透明，数据收集最小化，保障数据的完整性与保密性等原则下开展个人数据的采集、存储、加工等活动，并且原则上禁止处理个人敏感数据，如健康、基因、种族、政见、信仰，以及经处理可识别特定个人的生物识别数据等，就此确立了个人数据主体对自身数据的绝对控制权。此后，又专门针对数字平台制定了系列监管规则，如 2020 年 12 月 15 日欧盟委员会发布的《数字服务法案》《数字市场法案》的草案，对在线平台提出了更高透明度的要求，建立了明确的问责框架。

美国在脸书数据泄露事件后，推动隐私立法成为新的共识。2018 年，加州颁布了被称为最严格隐私法的《2018 年加州消费者隐私法案》（CCPA）；2019 年，华盛顿州颁布了旨在敦促企业保护敏感数据的《数据泄露通知法案》修正案。[1] 这意味着美国在个人隐私保护数据方面也开始实行偏重保护主义的治理模式。

第二，自由主义治理模式。作为世界第一数据经济体，美国

---

① 王融、郭雅菲：《2018 年数据保护政策年度观察：趋势展望》，《信息安全与通信保密》2019 年第 4 期。

在数据利用方面给予市场主体充分自由，致力于吸引世界各地的数据向美国流动，从而为美国的经济发展和科技创新提供更多的数据资源。特别是在联邦政府层面，自 2009 年开始，美国政府持续颁布《开放政府指令》《联邦数据战略与 2020 年行动计划》等政策，并早在 2012 年就开始实施大数据研究和发展计划。

第三，发展主义治理模式。中国是兼顾数据安全与发展的代表性国家。在保障数据安全方面，自 2016 年开始，我国数据安全相关的法律法规密集出台，已围绕网络安全、个人信息主权与保护、数据分级分类管理等方面进行制度规范，颁布了《网络安全法》《数据安全法》《个人信息保护法》。[1] 在推动发展方面，中国在"十三五"期间颁布了《促进大数据发展行动纲要》《大数据产业发展规划（2016—2020 年）》，提出要全面推进我国大数据发展和应用，赋能传统经济；进入"十四五"时期，又先后颁布《"十四五"数字经济发展规划》（2021 年 12 月）、《要素市场化配置综合改革试点总体方案》（2021 年 12 月），对促进健康、气象、交通等公共行业高价值数据开放共享、授权运营等作出安排。

欧盟在意识到数据过度保护对产业发展不利的问题后，开始鼓励企业数字创新，兼顾安全与发展两方面问题，并将 AI 发展作为数据治理体系下重要监管方向。2018 年 10 月颁布《非个人

---

[1] 李艳：《大国博弈下的跨境数据流动国际规则构建》，《当代世界》2023 年第 5 期。

数据自由流通条例》，构建了非个人数据开放共享的制度体系。2022 年颁布的《数据治理法》致力于解决负载个人数据权利、企业数据权利等不同利益的多重数据共享，体现出兼顾个人数据绝对安全和数据利用模式创新的多重价值追求。

　　总的来看，虽然不同国家和地区的文化背景、产业发展基础不同，但普遍逐渐意识到发展主义治理模式才是更具前景的发展方向。

第五篇

数字赋能与新经济形态

　　数字经济日益成为各国经济发展的重要支柱之一。数字经济的日益发展，带来了诸多宏观经济影响，包括社会分配、就业、金融等。首先，随着技术进步对生产投入和产出效率的进一步调整，国家资源或多或少已经以更加数字化的方式重新分配；其次，数字革命带来了传统生产体系和价值链的快速变革，并在很大程度上影响了社会就业领域，促进了新的就业解决方案的提供；再次，数字经济的繁荣也将促进金融业（数字货币）的日益发展；最后，加强跨境数据流动的全球合作成为一个具有挑战性的问题，呼唤建立一个数据相关的国际组织，为国际数据流动设计共同的标准或规则。

95. 数字技术是一种通用目的的技术吗？

在得到这个问题的结论之前，我们首先需要厘清什么是通用目的技术（General-Purpose Technologies，GPTs）。事实上，我们所熟知的蒸汽机、电力和半导体等技术都是驱动了一个新的时代发展的通用目的技术。已有研究中，已经对通用目的技术的特点有了标准的权威总结：（1）它是单一、可识别的普遍适用技术，具有多种不同的用途；（2）在技术出现的初始阶段具有很大改进空间，继而在后续应用中不断进步和完善；（3）创造大量的溢出效应，促进相关技术的创新。[1][2]

当然，数字技术是一个相对宽泛的概念，其中包含大数据、人工智能、移动互联网、云计算、物联网和区块链等。以人工

---

[1] Bresnahan, T. F., Trajtenberg, M., "General Purpose Technologies 'Engines of Growth'？", *Journal of Econometrics*, 1995, 65（1）, pp.83–108.

[2] Richard, L., Carlaw, K. I., Bekhar, C. T., *Economic Transformations: General Purpose Technologies and Long-Term Economic Growth*, Oxford University Press, 2005.

智能技术为例，其终极目标是建立"人工通用智能"（Artificial General Intelligence，AGI），即理解或学习任何人类能够做到的脑力任务[1]。虽然目前的技术距离这样的水平仍旧"道阻且长"，但 AI 技术毫无疑问已经在十分广泛的社会经济领域中发挥了作用，并且随着算力水平的不断提升，人工智能的工作效率也在不断改进，并且改变着各个经济部门中原有技术的应用和创新方式，产生强大的溢出效应，从而充分满足了成为一种通用目的技术的条件。举例来说，人工智能既可以驱动无人驾驶汽车，帮助人类感知复杂路况和规划最优线路；也能够识别人类语音，实现自然语言的转化甚至充当智能客服助手；还能够在围棋这样的策略游戏中，战胜当前代表最高水平的世界冠军。发展到现在，由 OpenAI 开发的 ChatGPT 已经能够胜任文书、编程等多种工作，并在完成质量上"以假乱真"。类似地，其他数字技术也大致表现出了相同的机制。

因此，数字技术都是非常标准的通用目的技术。首先，它们绝不仅限于单一部门或用途，而是适用于广泛的社会经济活动。无论是单一的数字技术，还是几类数字技术的组合，都可以同时在家居、教育、金融、制造、交通、医疗卫生甚至政府部门等各个领域中找到它们的身影。其次，每一种数字技术发展到今天的水平，都不是一蹴而就的。无论在数据的存储规模、传输速度还

---

[1] Hodson, H., "Deep Mind and Google: the Battle to Control Artificial Intelligence", *The Economist*, 2019.

是处理方式上，数字技术都经历了不断提升和不断改进的过程，从而使其应用范围持续拓宽，能够处理的任务也越来越复杂、越来越高级。最后，每一种数字技术，在应用到某个具体的领域中时，都能与该领域的专业技术有效结合，并推动部门技术的创新，反过来对数字技术形成有力的补充，即通用目的技术的创新补充性。

96. 数据驱动型决策的优势和困难有哪些？

在我们当前所目睹和经历的数字化转型中，越来越多的企业在进行生产与管理决策时减少了对领导者的直觉依赖，转而更加依赖基于数据分析的方式，我们把这种依据数据分析作出决策的模式称作"数据驱动型决策"。数据驱动型决策要求企业组织中的每一个相关成员以数据要素为基础、以数据要素中挖掘出的模式和洞见为准绳进行决策。这种方式减少了生产经营决策对个体管理者的经验直觉的依赖，从而有效提高了决策的科学性和时效性。从实证角度来看，布莱恩约弗森等（Brynjolfsson 等，2011）利用美国 179 家上市公司的调查数据及公开信息，测度了企业围绕外部和内部数据开展的收集和分析活动的现实影响，发现2005—2009 年数据驱动型决策在美国企业中贡献了 5%—6%的产出和生产力增长。① 麦卡菲等（McAfee 等，2012）通过对北美330家公共企业的管理实践和业绩数据进行调查与分析，发现企业越多使用数据驱动型决策，其在财务和运营结果上的表现就越好。具体来说，在一个行业中使用数据驱动型决策占比最高的三家企业，其平均生产效率会比其他竞争对手高5%，利润率则高出6%左右。②

当然，任何新技术的普及从来都不是一蹴而就的，数据驱动型决策也是一样。一方面，企业对于决策方式的转变需要一个适应过程。高层的决策者必须要逐渐接受数据驱动、基于证据（Evidence-based）的决策理念，同时也要雇佣更多能够对数据背后信息进行挖掘的数据科学家（Data Scientists），企业的成本结构和人员架构都会发生巨大的变化，可谓牵一发而动全身。另一方面，数据驱动型决策的最终质量还与源数据的质量、数据的处理方式、数据传输的方式以及数据科学家的人力资本水平高度相关，简单的决策方式的转变并不一定能够提升企业的决策水平，优化数据本身以及人力资本与数据结合的效率也是企业亟待解决的问题。

最后，在不同的经济背景下，传统的人力决策方式和数据

---

① Brynjolfsson, E., Hitt, L. M., Kim, H. H., "Strength in Numbers: How Does Data-driven Decision Making Affect Firm Performance?", *Available at SSRN* 1819486, 2011.

② McAfee, A., Brynjolfsson, E., Davenport, T. H., Patil, D. J., Barton, D., "Big Data: The Management Revolution", *Harvard Business Review*, 2012, 90 (10), pp.60–68.

驱动型决策方式往往各有所长。诚然，机器相较于人类具有更强的处理信息的能力，因此由机器结合数据所分析出的信息具有更高的精确度；但与此同时，机器的编程规则往往相对较为固定，因此在适应不断变化的市场环境时，人类相对于机器要更加灵活，传统的决策方式在此时更具优势。因此，如何依据实际情况选择最恰当的决策方式，对于决策的最终质量也是至关重要的。

97. 算据、算力、算者的相关元素 有什么样的关系?

随着大数据时代的来临，区块链、人工智能、云计算等以数据为核心的新型经济模式不断创新和发展，数据作为一种生产要素在经济社会发展过程中起到越来越重要的作用。在生产过程中，数据往往被用于具有创新性质的活动。一个地区人才的存量与数据要素的使用与管理也密切相关。

数据要素以各种路径和方式影响经济发展的模式，数据要素已经成为当下创新模式的基础条件，也被称为算据。算力是指能够对已有算据处理的能力，而算者则是能够处理算据的人的群体。在算据参与生产并促进增长的过程中，需要算者和算力共同作用才能将算据进行解读，将算据漂洗、凝练成知识参与创新活动或生产活动，三者之间的匹配关系将会影响增长的路径以及均衡点。

在算据被有效处理并且算力被合理应用，算者能够有效投入生产的情况下，此时的均衡将会达到高水平的发展均衡点；而在三者不匹配的情况下，有可能会出现发展的人才陷阱。在算据衰减的情况下，算者和算力不能被有效利用。因为算者是具有才能的群体，在某地无法得到有效利用且迁出成本小于外地收益与本地收益之差时，那么算者就会选择迁出，人才流失将会出现发展陷阱，也就是回归到低水平的均衡。除此之外，当算者的增长率为负数时，科研人员在自然状态下是减员的，出现算据被滥用。此不仅仅存在低水平均衡，也存在着多重均衡。

在实际应用中，我们需要平衡和协调算据、算力和算者三者之间的关系。随着数据量的不断增长，对算力的需求也在不断上升。这推动了硬件设备和软件系统的快速发展，从而提高了计算能力。同时，算力的提升也为算者提供了更强大的工具，使得算者能够更好地处理算据、提炼信息，进一步推动了数据科学、人工智能等领域的发展。例如，在数据处理过程中，需要权衡数据质量和数据量的关系，以确保算力能够有效地处理算据。同时，在人工智能系统的设计中，要平衡算力的需求和算者的能力，以实现高效、准确的计算和决策。

98. 大模型如何赋能万行万业？

大模型赋能万行万业主要依赖于其生态型商业模式（见图 5—1）。该模式在生态层次上展现了商业模式的综合性思维，即由多样成员组成、整合多种商业模式的综合性商业模式，形成一个不断演化的商业生态系统。[①] 传统商业模式通常围绕特定产品和服务展开，关注单个企业如何创造和获取价值。[②] 现有商业模式研究主要从战略和创新两个视角进行，其中战略视角强调了动态能力[③]（Dynamic Capability）和适应能力[④]（Adapt Ability）的重要性，而创新视角强调商业模式对企业创新的关键作用，比如开放式创新[⑤]（Open Innovation）。生态型商业模式的概念重构了传统商业模式，将多样化的生态伙伴纳入，从而提供新的研究视角。从战略视角看，生态型商业模式强调多成员的价值共创，而从创新视角看，其突出了协同创新的重要性。

---

① Rong, K., Lin, Y., Du, W., Yang, S., "Business Ecosystem-oriented Business Model in the Digital Era", *Technology Analysis & Strategic Management*, 2023, pp.1–18.

② Zott, C., Amit, R., Massa, L., "The Business Model: Recent Developments and Future Research", *Journal of Management*, 2011, 37（4）, pp.1019–1042.

③ Teece, D. J., Business Models, "Business Strategy and Innovation", *Long Range Planning*, 2010, 43（2–3）, pp.172–194.

④ Zott, C., Amit, R., Massa, L., "The Business Model: Recent Developments and Future Research", *Journal of Management*, 2011, 37（4）, pp.1019–1042.

⑤ Chesbrough, H., "Business Model Innovation: It's not Just about Technology Anymore", *Strategy & Leadership*, 2007, 35（6）, pp.12–17.

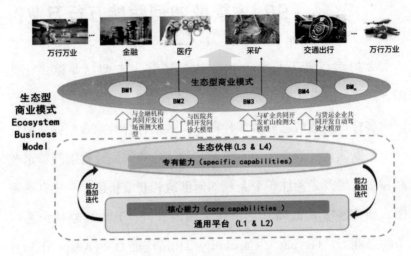

图 5—1 大模型产业生态型商业模式赋能万行万业

在大模型产业生态中，一个生态型商业模式需要通用平台和生态伙伴两部分成员的共同参与。通用平台由数字基础设施层和通用大模型层组成，以平台形式向外开放，与各行各业的生态伙伴合作，拓展应用场景，推动大模型在各行业的应用。通用平台需要提供可靠的数字基础设施和基础人工智能模块，通常由数字实力强的大组织或大企业承担。生态伙伴则不再需要投入大量成本开发底层大模型，只需根据自身行业和场景的特定数据和需求微调，开发专业化的大模型。

大模型产业生态的建设需要多方合作，包括政府、行业协会、数字企业、行业领头企业和中小企业等。政府应提供数字基础设施底座，引导和监管各层次成员的互动和协同，促进产业规范健康发展。行业协会和企业需要协同制订研发计划和标准，推动行业标准化，促进行业合作和创新，特别是由行业领头企业发挥引领作用。开放的生态融合思维需要培育多元领域、各类规模的生态伙伴，在各行各业开创新的生态应用场景，整合专有能力，推动各层次的繁荣发展。

生态型商业模式的关键在于能力共享和组合，企业需要培育独特能力并对外开放，与生态伙伴不断组合能力，创造面向不同场景的解决方案。该模式具有强大的拓展和创新能力，通过组合和优化能力，适应不同行业和场景的需求，实现多方共赢。通用平台提供核心能力，而生态伙伴提供专有能力，二者组合形成面向细分需求的商业模式，最终赋能万行万业。

生态内各成员和不同生态层次之间的能力组合将带来互补和协同效应，实现动态的能力叠加迭代体系。对于各行各业的生态伙伴来说，它们无须巨额投资搭建基础设施或从零开始训练大模型，只需调用通用平台提供的核心能力，如云计算或通用大模型的应用程序编程接口（API），就能开始训练自己的大模型，降低了创新门槛。通用大平台通过开放核心能力，与生态伙伴共创，弥补了它们对各行业的了解不足，实现了能力的共享，使大模型产业成为未来最大的共享经济，实现了对万行万业的赋能。

99. 生成式人工智能如何对全球
形成深刻影响？

以 ChatGPT 为代表的生成式人工智能会对全球政治、经济、社会生态等形成革命性冲击，并带来全球价值体系"西式"偏移。图 5—2 绘制了 ChatGPT 对各行各业的影响逻辑。从图 5—2 可知，作为通用大模型的 ChatGPT 是支撑万行万业专用小模型开发的底层逻辑，因此，以 ChatGPT 为算法开发的模型会受 ChatGPT"价值观"的影响。

在经济层面，ChatGPT 会成为未来经济发展的新引擎。从长期看，经济增长由不同的通用目的技术所驱动，因为通用目的技

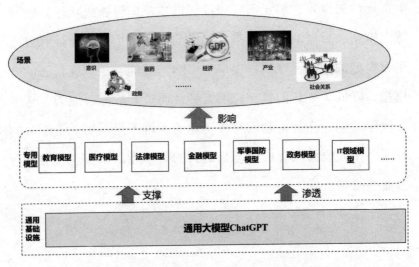

图 5—2　ChatGPT 对各行各业的影响逻辑

术的出现将扩展生产可能性边界。ChatGPT 具有广泛的应用场景，能够渗透到全球经济社会各方面，引发各领域产业变革。根据高盛集团（Goldman Sachs）经济学家的推断，生成式人工智能的突破可能给全球经济带来翻天覆地的变化，未来该技术可能推动全球 GDP 增长 7%（近 7 万亿美元），并在 10 年内将生产率提高 1.5 个百分点。①

在社会层面，ChatGPT 会带来就业问题和社会治理风险。ChatGPT 对社会治理的影响主要表现在就业问题、社会舆论和社会伦理等方面。例如，ChatGPT 可能导致人类大规模退出生产性劳动，尤其是重复性高、程序化深的岗位工种，如培训岗位、客服岗位、翻译岗位等。同时，ChatGPT 可能被某些不良互联网平台或是巨头资本所控制，沦为平台垄断、产业扩张、舆论控制、传播虚假信息的工具，危害社会的安全。

在产业层面，ChatGPT 将引发产业变革，重塑全球产业格局。中国社会科学院学部委员金碚指出，未来大多数产业的发展都将融入人工智能技术。在技术演化的基础上，以自然语言处理为代表的人工智能算法有可能重构互联网和移动互联网的产品形态，促进教育业、医疗业、汽车业、金融业、消费业、媒体业、服务业和制造业等众多产业升级，最终带来对应商业模式的变革。在技术层面，人工智能大模型研发已成为全球新一轮技术竞争的核

---

① Generative AI Could Raise Global GDP by 7%，https://www.goldmansachs.com/intelligence/pages/generative-aicould-raise-global-gdp-by-7-percent.html.

心领域，最终影响全球产业格局。

同时要注意到，ChatGPT 加强了以美国为首的西方国家在全球认知战中的影响力，可能推动全球价值体系向"西式"倾斜。多年来，基于科技、经济领域的全球优势地位，以美国为代表的西方国家在全球多渠道进行"西式"价值观渗透，掌握优势话语权。ChatGPT 将通过解决个体信息收集整合能力差异、拉平个体间信息收集处理"能力鸿沟"赋能社会成员，其将进一步推动全体社会认知趋同。这意味着，在"西式"价值观的全球优势地位基础上，ChatGPT 将放大马太效应，成为人类意识形态战场上以美国为首的西方国家对全球认知战的新式武器，推动全球价值体系的进一步"西式"偏移。

100. 什么是共享经济？

共享经济是一个很广泛的概念，目前并没有统一的定义。这一概念最早由美国得克萨斯大学社会学教授马科斯·费尔逊（Marcus Felson）和伊利诺伊大学社会学教授琼·斯潘思（Joe L.Spaeth）在 1978 年发表的论文 "Community Structure and Collaborative Consumption: A Routine Activity Approach" 中共同提出。国家信息中心在《中国共享经济发展报告（2023）》中如是定义共享经济：利用互联网平台将分散资源进行优化配置，通过推动资产权属、组织形态、就业模式和消费方式的创新，提高资源利用效率、便利群众生活的新业态新模式。

共享经济的核心特征为可共享性、开放性、互信性、可持续性等，共享经济借助互联网技术打造新平台，该平台具有开放性和集聚性，使供需双方得以高效匹配，推动资源流通和优化配置，呈现出对传统中介机构的去中介化。[1] 相比传统经济和租赁经济，共享经济是对二者的补充，借助数字技术、移动支付、在线市场等极大降低了交易成本，几乎没有维护成本，满足即用型需求，缺陷在于所有权便利性下降。

共享经济的主要运行机制是闲置资源在供需双方的有效匹配。第一，这依赖于技术发展和平台建立。只有通过平台，才能实现规模效应，将大量零散的供需个体有效整合起来。第二，这依赖于闲置资源的匹配。一方面，主体应当拥有可以互换的闲置资源，这是实现共享的前提；另一方面，推动闲置资源所有权和使用权分离，盘活闲置资源。第三，这依赖于信任机制。供需双方彼此信任是能够匹配双方需求的关键，平台借助互联网技术解决互不相识的主体之间的信息不对称问题，为交易提供信用背书。[2]

目前我国共享经济蓬勃发展，市场规模不断扩大。2022 年我国共享经济市场交易规模达到 38320 亿元，同比增长达到

---

[1] 郑联盛：《共享经济：本质、机制、模式与风险》，《国际经济评论》2017 年第 6 期。

[2] 董成惠：《共享经济：理论与现实》，《广东财经大学学报》2016 年第 5 期。

3.9%。①共享型服务和消费发展潜力巨大，共享经济也创造了大量就业岗位，在稳就业中发挥着重要作用。共享经济在主要领域中表现十分亮眼。在交通领域，更多企业和平台进入共享出行领域，推动行业竞争和格局重构。在生活服务领域，共享平台发挥着巨大价值，一方面，平台不断提升服务水平和规范化程度，另一方面，平台之间加强合作，快手与美团、抖音和饿了么纷纷展开合作，借助流量变现，实现互利共赢。在制造业领域，共享经济推动传统行业转型升级，拥抱新的可能。传统制造企业基于资源优势，依托共享平台，构建开放新业态；互联网企业基于数据优势，推动数字化转型，建立制造新模式。在绿色经济领域，共享经济发挥其资源再配置的核心优势，拓展物品互换和二手交易渠道，加速闲置资源流通配置，助力绿色经济发展。

共享经济发展既面临新机遇，也要迎接新挑战。为助力共享经济蓬勃发展，政府、行业等应当齐心协力，共建共治共享。对政府而言，一方面，应当积极鼓励促进共享经济发展，为共享经济发展减负释能，创造更加优化的发展环境，2022年中央经济工作会议提出要"大力发展数字经济，提升常态化监管水平，支持平台企业在引领发展、创造就业、国际竞争中大显身手"。另一方面，应当加强监管，创新监管方式，提升监管水平，建立多渠道、宽领域、多层次的监管体系，保障不同企业公平竞争，推

---

① 国家信息中心：《中国共享经济发展报告（2023）》，http://www.sic.gov.cn/sic/93/552/ 557/0223/10741.pdf。

动平台经济在正确轨道上稳步前进。对行业而言，应当加强行业自律，自觉整改共享经济发展过程中出现的漏洞和问题，回应社会和用户对信息安全、隐私保障、产品维权等问题的核心关切，不断提升服务水平，推动共享经济发展。

101. 共享制造平台落地的意义是什么？

共享制造是共享经济在生产制造领域的应用创新，是围绕生产制造各环节，运用共享理念将分散、闲置的生产资源集聚起来，弹性匹配、动态共享给需求方的新模式新业态。共享制造平台以互联网平台为依托，通过整合制造、创新、服务能力，实现制造能力共享、服务能力共享、创新能力共享。

共享制造平台落地有助于推进我国产业数字化进程。当前，我国产业数字化转型已取得一定成效，但仍存在转型意愿不强、转型服务供给不足、基础性公共性转型服务提供不足等问题。提升企业转型意愿，创建更好的转型供需匹配模式将有助于数字化转型走深走实。共享制造平台是一个多边协作平台，其能将政府部门、生产商、解决方案提供商、硬件供应商、供应链、金融机构等机构连接起来，为转型需求与供给提供对接平台，有助于推进研发设计、生产制造、供销物流、经营管理等环节的全面转型升级。

共享制造平台落地有助于推进我国经济发展模式转变。受限于物理空间位置与距离，产业集群是我国产业发展的主要表现与聚集地。在技术不断向前进步所带来的分工日趋细化、产业链逐渐延长的大背景下，地域分隔所带来的信息、实物的分隔对产业发展的影响越发凸显。突破地理位置差异所带来的信息、实物阻隔成为当前及未来产业发展的重要举措。共享制造平台的落地能够打破空间局限，将不同区域、不同产业、不同企业汇聚起来，提高信息共享与资源配置效率，推动产业集群从物理集聚向"虚实融合"的物理、数字空间集聚转变，推进虚拟园区、虚拟产业集群发展。

共享制造平台落地有助于提升我国产业链供应链韧性。共享制造平台能够有效实现研发设计、生产制造、管理运营等环节的供需撮合、对接，对产业链上、下、游产能可以实时监测、统一调度并有效整合，以互联网为抓手，提升突发事件应急响应能力。同时，面向企业灵活多样且低成本的创新需求，共享制造平台能够支持产品设计与开发能力等智力资源，以及科研仪器设备与实验能力等共享，提升产业整体创新能力，为产业链自主安全可靠发挥重要作用。

102. 如何理解数字时代的新零工经济？

零工经济（Gig Economy）由来已久，其本质是雇主与雇员双方基于短期、碎片化的工作内容，借助口头或书面协议建立的临时雇佣模式，古代的"短工""帮工"及现代的"临时工""钟点工"都是传统零工经济的代表。

随着社会变迁与信息技术的发展，平台组织（Platform Organization）、自组织（Self-organization）等组织形式兴起[1]，零工经济在传统的雇主、雇员双方基础上引入了平台（如原雇主、派遣公司、自雇佣法人等），作为劳动力供需匹配、双向选择的桥梁[2]，从而形成了新型的三方模式[3]。平台的引入无疑是"零工经济"发展阶段的分水岭，互联网时代的"零工经济"与传统零工、临时工作的主要区别在于，它可以基于互联网的数字平台实现供需的大规模匹配。[4] 此外，线上平台在"非熟人社会"还发挥着担保撮合的作用，为跨地域、时间的交易提供了技术、信用上的双重保障，从而极大程度扩展了零工与顾客的匹配范围。

因此，相比于传统零工经济，"新零工经济"是一种以互联网平台为基础、以劳动供需匹配的灵活性与即时性为核心特征的

---

① 蔡宁伟：《社会形态决定组织形态：基于组织形态的变迁、特征与价值的思考》，《清华管理评论》2021 年第 1 期。

② 蔡宁伟、张丽华：《新零工经济的优势与劣势——基于用工时间、内容、流程、收入、体验和发展等多维度思考》，《中国劳动》2021 年第 2 期。

③ Meijerink, J., Keegan, A., "Conceptualizing Human Resource Management in the Gig Economy: Toward a Platform Ecosystem Perspective", *Journal of Managerial Psychology*, 2019, 34（4）, pp. 214–232.

④ 清华大学社会科学学院经济学研究所、北京字节跳动公共政策研究院：《互联网时代零工经济的发展现状、社会影响及其政策建议》，2020 年，http://www.tioe.tsinghua.edu.cn/info/1109/1801.htm。

新兴经济模式。新零工经济中平台的角色不再仅限于纯信息中介，而是主动运用大数据、算法实现跨时空的大规模、即时性匹配，且力图提高匹配效率与准确性以实现利润最大化的管理者。

交通出行、外卖配送、专业技能服务是"新零工经济"最典型的三大领域。在我国，新零工经济在交通出行领域的代表是滴滴、曹操出行等提供客运服务的网约车平台；在外卖配送领域的代表则是美团、饿了么等提供餐饮配送服务的平台；在专业技能服务领域的代表则是 58 到家、猪八戒等提供多样化劳务、技能服务的平台。

近年来，随着移动互联网技术的迅猛发展以及庞大人口基数带来的充足劳动力储备与繁荣内需，我国"新零工经济"规模逐年上升。根据《中国共享经济发展报告（2018）》，2017 年，我国零工经济平台的员工数约 716 万人，比 2016 年增加 131 万人，占当年城镇新增就业人数的 9.7%。① 阿里研究院的报告《数字经济 2.0》预测：到 2036 年，中国从事新零工经济的自由职业者数量将达到 4 亿，约有 1/2 的劳动力将以零工的形式提供生产和服务。②

---

① 国家信息中心分享经济研究中心、中国互联网协会分享经济工作委员会：《中国共享经济发展年度报告（2018）》，http://www.sic.gov.cn/archiver/SIC/UpFile/Files/Default/20180320144901006637.pdf。

② 阿里研究院：《数字经济 2.0 报告》，2017 年，http://www.199it.com/archives/555294. Html。

103. 新零工经济用工关系的
现状与特征是什么？

新零工经济的用工关系现状表现为：（1）用工关系认定不清。平台零工经济用工关系的主要争议点是劳动关系和劳务关系的界定，关系到劳动者和用工者的权利和义务，劳动关系中劳动者除劳动报酬外还享有劳动法规定的社会保险等各项待遇，而劳务关系一般只涉及劳动报酬问题，而无社会保险等其他待遇。在中国的司法实践中，外卖骑手、网约车司机的劳动关系的认定十分困难。现存的平台零工经济用工模式既非典型的劳动关系又非典型的劳务关系，而是更接近"第三类用工模式"。判例中多数劳动者关于劳动关系的主张未得到支持，劳动者维权困难。法律和司法应及时跟进经济实践中出现的这一新变化，对这一新型用工模式进行确认和保护。

（2）劳动者权益未得到有效保护。在新零工经济中，平台为员工承担的责任大大少于标准的劳动关系，劳动者的一些常见权益并未得到保障，其中最重要的是三个方面。第一，企业不为员工购买基本的社会保险。平台企业为节省开支，不会为非正式员工购买基本的"三险"或"五险"，劳动者无法享受养老保险、医疗保险、失业保险、工伤保险和生育保险的社保待遇。第二，员工没有最低工资待遇，收入预期和稳定性较差。第三，工伤认定和工伤保险。这既是争议高发的问题，也是劳动者权益保护亟待解决的问题。复杂的用工关系、缺失的参保主体、难以确定的缴费基数和费率、极低的参保意愿和工伤难以认定的现状都对新零工经济中劳动者的合法权益构成了损害。

新零工经济的用工关系特征表现为：（1）用工关系的主体模糊性。在传统雇佣模式中，用工关系涉及劳动者和用工单位，双方的权利和义务明晰。而在平台零工经济用工关系中，用工关系由传统的双方变为劳动者、用工单位和平台三方，主体呈现模糊性的特征。以外卖配送为例，传统模式中，餐饮商家直接雇佣员工进行配送，与员工构成劳动关系或劳务关系。而互联网外卖配送服务中，涉及劳动者、用工单位和平台三方关系，外卖平台不是纯粹的信息中介，同时也不是劳动的使用者；餐饮商家是劳动的使用者，但并不直接对骑手进行管理、支付劳动报酬，主体间的责任和义务模糊。

（2）用工关系的具体形式复杂多样。数字经济中，不同工作内容、不同平台和不同运营团队间的用工关系复杂多样。平台管理有平台直营、第三方公司外包、层层转包等形式，团队运营有单平台接单、多平台接单等形式，劳动者有全职工作、兼职工作等多种选择，用工关系的具体形式复杂多样，难以形成统一的认定结果。以外卖配送行业为例，骑手主要可分为自营骑手、代理商骑手和众包骑手，每类骑手和平台的用工关系都存在一定差异。

104. 数字红利的概念与具体表现是什么？

世界银行在其 2016 年发布的《世界发展报告：数字红利》中正式提出了数字红利（Digital Dividend）的概念，并将其定义为"由数字技术的广泛应用而产生的发展效益"。

通俗来说，由数字技术产生的巨大效益，就是所谓的数字红利。数字技术不仅可以给微观个人带来切身的好处，比如更容易沟通，更多的信息来源以及新的休闲方式等；还可能带来更为宏观的技术红利，如更快的经济增长速度，更多的就业以及更佳的服务。当然，也可以从其他角度理解数字红利。比如，发展经济学将经济发展解释为"伴随着扩张的资本，新部门不断从传统部门吸收边际生产率为零甚至为负数的剩余劳动的过程"。而数字经济正是区别于传统的工业部门的一种新的经济形态，和传统部门构成了一个新的二元结构模型。在新的二元结构模型中，通过将传统部门的巨大（剩余）劳动力，逐步转移到数字经济形成的新部门，促使边际生产率的再次增加和经济的新发展，即由数字技术产生的经济红利。

数字红利最直接的表现是经济增长。《世界发展报告：数字红利》显示，无论是 GDP 增长值占比，还是对 GDP 增长的贡献，信息和通信技术（ICT）部门的比例都处于一个适中较低的水平。在经济合作与发展组织（OECD）国家中，信息和通信技术部门在 GDP 中的平均份额约为 6%；而在发展中国家，这个数字则要小得多。美国拥有世界前 14 位科技公司中的 8 家，但信息和通信技术部门对 GDP 的贡献仅为 7% 左右。信息和通信技术资本对 GDP 增长的贡献同样相对稳定。在高收入国家，它从 1995—1999 年的 0.7 个百分点下降到 2010—2014 年的 0.4 个百分点。在发展中国家，信息和通信技术资本对 GDP 增长的贡献则要更大——约占增长的 15%。随着数字技术在发展中国家的迅速扩散，这个数字在未来还可能会进一步上升。

当然，由于现行 GDP 核算方式的局限，数字技术的经济效应可能是被大大低估的。对于企业来说，数字技术可以促进贸易参与、提高资本利用率和增强市场竞争；对于人民来说，数字技术可以增加工作机会、提高劳动生产率和增加消费者福利；对于政府来说，数字技术可以提高政府的运行效率以及拓宽发声渠道，这些都是数字红利的范畴。

在数字时代，基于人口产生的流量是数字经济的核心资产，基于用户产生的数据是数字经济的关键生产要素。数字平台具有网络外部性的特质，任何新用户或者新商家的增加都会同时增加双方的福利，此外，由于使用平台可以获得的收益也增加了，所以也会进一步强化未使用者的使用意愿。因此，人口红利本身会促进数字红利的进一步显现。

105. 数字技术会对就业产生怎样的影响？

数字技术的进步和成熟推动了数字经济的快速发展，对就业市场产生了深远的影响。数字技术主要包括5G技术、人工智能、大数据、云计算、物联网、区块链等，可以将各种信息转化为计算机语言，并对其进行采集、加工、分析、存储和传递。5G网络具备大带宽、广连接、高可靠低时延特性，可以赋能工业互联网，帮助生产活动打破空间限制；人工智能可以部分替代人工，实现精准远程操控，极大地提高生产过程的精准性和效率；大数据具有体量巨大、信息多样、处理快速、蕴含价值的特征，具有明显的规模报酬递增的特点。数字技术的特点决定了这一新兴技术将引起就业规模、就业结构和就业质量的变化。

首先，互联网的普及以及数字技术的高速发展改变了社会互动方式，使现代经济活动更加灵活、敏捷、智慧。数字技术的进步创造了电子商务、网络直播、大数据工程技术人员等大量就业机会，加快了信息和知识的流动，极大降低了信息搜寻成本，促进了知识在行业和地区之间的溢出，使得处于弱势地位的个体能够享有更加公平的发展机会，提高了居民的就业能力，从而提高了劳动力的就业率和工资水平，带动了经济的增长，增进了社会福利。例如，数字技术的发展使得经济发展落后、交通闭塞地区的农民和手工业者可以通过线上直播、电商的方式销售商品，极大提高了农产品和手工艺产品的销量，提高了劳动者的收入；再如，伴随着产业数字化而衍生的零工经济形态为劳动力市场提供了更多灵活的工作机会，吸纳了大量闲置劳动力。其次，数字技术作为数字经济的核心驱动力量，为个体劳动力和企业赋能，提高了要素配置的效率和劳动生产率，从而提高了劳动力工资水平。

然而，数字技术的发展也可能引发就业和收入的极化。数字技术的进步增大了对高科技人才的需求，且短期内会保持人才需求大于供给的状态，且在数字领域的开创性工作更容易获得极高的回报。因此，创造力高、资深的研究员因为掌握先进的数字技术而享受到更高的技术租金。例如，金融和信息技术行业的数字化程度较高，这些行业的劳动力收入水平也显著高于其他行业，同时，这两个行业通常会给创造力高的"明星员工"更高的工资，技能回报率的提高进一步加大了行业内和行业间的工资差距。数字技术和数据要素的非竞争性和较强的规模经济的特征，容易催生赢者通吃的市场结构，数字技术的创新带来的市场租金更多地流向了技术发明者和管理者，流向普通工人的较少。此外，人工智能等技术对从事常规任务的普通和低技能岗位具有较强的替代能力，新兴技术的应用可能导致劳动密集型企业的普通岗位的职位和工资逐渐减少，使得这部分劳动者面临较大的转型或失业压力，这部分劳动者本身人力资本水平较低，失业后可能较难找到工资水平更高的岗位，从而被迫从事工资水平更低的劳动，加剧工资和岗位极化现象。

综上所述，数字技术的进步可能催生许多新型就业岗位，带来就业率的提高、就业质量和工资水平的上升，同时也可能引发岗位和收入差距进一步扩大的担忧，如何合理应对数字技术的进步对就业市场的冲击，使数字技术进步惠及全体人民，是社会需要面对的严峻挑战。

106. 数字时代的 GDP 核算面临哪些挑战？

关于数字经济规模的核算，经济合作和发展组织（2017）指出，衡量数字经济面临模糊边界、数据质量差、定价问题以及大量数字活动的不可见性等挑战，所以测算差别较大；美国商务局从数字基础设施、电子商务、数字媒体三个方面给出了进行数字经济统计的方法；中国信息通信研究院基本采取了希克斯的方法，将"数字经济"分为两个部分，即数字产业化和产业数字化两大部分。第一部分是数字经济基础部分，即大信息产业的范畴。第二部分是数字经济融合部分，数字技术对传统产业的渗透部分。相对而言，中国信息通信研究院给出的定义和测算方法不仅重视直接使用数字技术的产业，而且考虑到了数字技术在其他产业的融合，更符合国际货币基金组织（IMF）所定义的广义数字经济；而美国经济分析局所定义的数字经济只考虑了数字产业本体，符合国际货币基金组织所定义的狭义数字经济。

GDP 被誉为"20 世纪最伟大的发明之一"，是衡量工业时代社会发展的核心指标。然而，GDP 核算在数字经济时代受到越来越多的挑战，举例如下：

（1）免费服务对 GDP 的挑战。经济学家哈尔·范里安（Hal Varian）曾指出："GDP 难以处理免费问题。"数字经济时代，许多信息产品和服务本身并不直接向用户收取费用，比如娱乐视频、线上订票、信息搜寻等，这部分产品和服务的实际价值就没有被现行的 GDP 体系涵盖。

（2）技术进步对按不变价 GDP 的挑战。许宪春（2017）指出，在基于价格指数的通缩法计算 GDP 时，商品和服务质量的改善被归类为数量增长。[①] 然而，准确衡量质量改进对经济增长的贡献是困难的，这使得按不变价格将其客观地计入国内生产总值具有挑战性。

（3）供求个性化对可比价格的挑战。在数字时代，产品和服务越来越多地为满足个人需求而量身定制，这使得产品和服务的差异化越来越大。在这种情况下，不同产品的定价和跨时间的比较十分困难。尽管个性化商品的定价策略在不断发展，但目前准确定价独特商品仍然困难重重。

（4）分享经济对 GDP 的挑战。首先，目前的国内生产总值核算没有充分涵盖居民个人的生产数据，而居民个人在共享经济供应商中占很大比例，这一遗漏导致国内生产总值被低估。其次，

---

① 许宪春：《统筹推进"五位一体"总体布局　实施国民经济核算新标准》，《国家行政学院学报》2017 年第 5 期。

GDP 核算中对共享经济的处理存在问题。比如，目前居民购买的汽车被视为消费品，但当这些汽车被共享并产生租金收入时，它们实际上就变成了投资品。如何准确处理此类资产，是将其视为消费品还是投资品，这是一个挑战。最后，目前的 GDP 核算未能准确反映共享经济在处理生活必需品方面的作用。居民购买的日用品在购买时计入消费支出，但在销售时以负值计入居民消费支出。这种处理方式无法反映共享经济利用闲置日用品提高他人消费水平的事实。在国内生产总值的核算中，共享日常消费品和将其作为废物处理在统计上没有区别。

（5）知识产权跨境流动对国际 GDP 核算的挑战。2008 年的国民经济核算体系将知识产权资产分为五类，但除矿产勘探和评估外，其他知识产权资产都受到严格的国际贸易限制。然而，通过信息共享和跨国公司的全球扩张，知识产权资产在多个国家产生了高附加值。此外，知识产权的所有者和使用者往往属于不同的国家。虽然转让知识产权资产产生的附加值已纳入国民账户，但跨境贸易统计中却没有记录。这可能导致研发部门所在国的 GDP 被低估，而生产部门所在国的 GDP 被高估。

107. 数字鸿沟是如何产生的？

数字鸿沟指不同社会群体之间在互联网可用性和使用方面的差距。人们早已认识到，连通性会带来发展机会的差距。美国政府的报告系统地讨论了这些差异，强调数字鸿沟是互联网技术普及造成的机会不平等。此时，人们尚未关注到因使用互联网能力不同而存在的受益程度差异。

随着数字技术的不断发展，人们意识到了存在多种不同的数字鸿沟并将其分为三类："接入鸿沟"、"使用鸿沟"和"能力鸿沟"。"接入鸿沟"源于硬件条件的差异，如宽带可用性和网络设备，表现为是否能够接入数字技术、享受数字服务。随着成本的下降和互联网的普及，接入障碍逐渐减少，"使用鸿沟"变得更加突出，具体表现为是否掌握使用数字技术的知识、数字技术的使用广度、数字技术的使用深度等。"使用鸿沟"与公民受教育水平、数字技术培训服务等软件条件密切相关。随着数字化的日益普及，数字技术已成为一种通用技术，如何利用数字技术获取、处理和创造数字资源的数字素养至关重要。这种数字素养的差异，也被称为"能力鸿沟"。

中国的数字鸿沟主要来自互联网的接入可及性，即"接入鸿沟"。1994年4月，中国首次接入国际互联网。1995年1月，邮电部开始向社会提供互联网接入服务，此时仅有清华园及中科院的少数人群使用。直到1995年瀛海威公司创立，大众才逐渐接入互联网。随后，全国互联网用户规模快速增长，2000年达1690万人，2010年达4.67亿人。截至2023年6月，中国互联网用户达10.79亿人，网络普及率达76.4%。也就是说，即使在今天，全国依旧有大概1/4的人并不是互联网用户，中国互联网接入可及性的数字鸿沟虽然已经大幅减小，但依旧没有消除。

在地区层面，中国地区之间的接入鸿沟突出地表现在城市和乡村之间，以及东中西部地区之间。第 52 次《中国互联网络发展状况统计报告》显示，在我国 10.79 亿网民中，城镇网民占比高达 72.10%，而农村网民则仅占 27.90%。从东中西部地区来看，《中国宽带速率状况报告》（第 26 期）显示，2021 年东部地区移动宽带用户的平均下载速率为 61.92Mbit/s，而中部地区和西部地区则分别较东部地区低 3.58Mbit/s 和 0.54Mbit/s，表现出了比较明显的差距即鸿沟。

108. 数字技术如何赋能乡村振兴？

数字经济的发展为乡村振兴提供了另一片广阔天地，推动了农村青年返乡创业，带动了乡村新兴产业和经济发展，提高了农民收入水平，传统乡村在与现代技术和电子商务平台对接后焕发新的活力。

应当利用数字技术推动农村基础设施建设。这是乡村振兴的基础和前提。《数字乡村发展战略纲要》提出，到 2025 年，"乡村 4G 深化普及、5G 创新应用，城乡'数字鸿沟'明显缩小"。应当加快农村信息基础设施建设，提升农村宽带网络质量，加快信息网络向偏远乡村普及，推动信息服务向乡村延伸。统筹推进城乡信息基础设施建设，有效整合城乡数据资源和信息平台，缩小数字鸿沟。

应当利用数字技术推动农村产业发展。一方面，数字技术推动传统农业向现代农业转型升级，利用大数据、云计算等数字技术推动农村土地产权交易、农产品规模化生产，拓展农产品营销和销售渠道，缓解信息不对称问题，使农产品供需有效匹配，助力农业提质增效。另一方面，数字技术推动电子商务发展，如淘宝村等新型乡村将互联网与三农相结合，为传统产业注入新的生机。

应当利用数字技术提升农村治理水平。充分发挥信息技术在乡村治理体系和治理能力现代化中的关键作用，推动"互联网+"政务治理，打通线上办理渠道，提升乡村治理的精细化水平。

淘宝村在 2009 年前后初步成型，到 2021 年数量达到 7023个，连续四年增量保持在 1000 个以上。其发展历程是广大乡村拥抱电子商务的生动写照。阿里研究院对"淘宝村"的认定标准主要包括：(1) 经营场所：经营场所在农村地区，以行政村为单元；(2) 交易规模：电子商务年交易额达到 1000 万元以上；(3) 网商规模：本村活跃网店数量达到 100 家以上，或活跃网店数量达到当地家庭户数的 10%以上。

学者对农产品淘宝村如何发展壮大的研究为其他乡村将基础产业与数字技术相结合提供了借鉴。第一，培育特色产业，如白牛村、马啸村、玉屏村和新都村从事山核桃的生产加工，阳澄湖畔的消泾村规模养殖大闸蟹等，通过地方特色产业的规模化发展，打造品牌效应，吸引外地消费者。第二，将特色产业与淘宝平台对接。淘宝平台的包容性降低了村民销售产品的成本和技术门槛，即使没有太多资金和技术，普通村民也可以开网店经营。淘宝平台也将供需双方高效匹配，改变了过去农民生产出农产品却不知道如何出售的困境。第三，较为成熟的基础设施。淘宝村大多道路四通八达，网络覆盖率高，物流网点较多，为产品的快速流通运输提供了便利。第四，人才回流。开设和运营淘宝网店离不开一批具有创业精神和实干才能的人才，如返乡创业的大学生和务工人员，这部分人相对年轻、具备较高文化素质、对互联网和家乡产业都有一定了解，充当了乡村"互联网＋"发展的主力军。①

109. 数字技术如何赋能绿色发展？

数字经济对传统制造业等产业转型升级和新兴绿色产业的促进能推动经济增长的低碳化。首先，数字经济是一种新兴的融合经济模式，在提高绿色全要素生产率和促进经济高质量发展方面发挥积极作用，在经济增长效率提升的同时能够催化一系列新兴低污染产业，优化经济增长的产业结构。其次，在产业发展模式

---

① 曾亿武、郭红东：《专业村电商化转型的增收效应》，《华南农业大学学报（社会科学版）》2016年第6期。

方面，数字技术对传统产业进行数字化改造能够发掘更多潜力。工业经济阶段的许多关键产业在信息化时代依然扮演着经济增长的重要角色，但其在低碳化转型方面存在较大难度，现有绿色技术转型的边际效应不断下降。而现代数字技术能够全面引入程序、系统等新型生产工具管控生产环节，或是引导企业利用数字技术构筑更高效、清洁和安全的能源体系，并在产品研发设计、加工制造、营销及售后服务等方面具有独特优势。再次，数字技术为碳足迹跟踪、碳排放建模预测、碳交易平台等追踪并降低碳排放的方式奠定了重要的技术基础。最后，数字技术能够突破空间限制，充分发挥区域绿色产业发展的协同效应和集聚效应。绿色低碳产业的发展与区域内经济发展紧密相连，数字治理让经济发展与低碳治理能够高度统一，基于数字技术而搭建的生态系统碳汇平台能够集成区域内各个单位的相关生产数据，将各个独立区域低碳经济发展的成果集合于整个大区域低碳经济全面发展的浪潮之中。

数字技术不仅深刻影响产业结构和发展模式，更能从观念到行为方式等多方面引导公民低碳化的生活风尚，推动数字化、信息化深入节能降碳社会生活的方方面面。一方面，数字化范式深入到公众社会参与的各个方面，帮助普及简约适度、绿色低碳的生活方式。比如在线教育、互联网医疗、共享单车、智慧办公等低碳生活新形态已经开始融入城市生活，从另一侧面推动智慧城市与绿色城市的发展。另一方面，数字 App、小程序帮助公众建立减碳台账，在衣食住行等方面对个人碳减排行为进行量化和记录，增强公众绿色低碳意识。除此以外，数字技术也帮助政府更好地实现对企业和公众的政策引导作用。通过数字政务、在线宣讲等渠道，相关部门可以有效加强绿色经济和低碳转型的宣传和政策宣讲，从而引导公众密切关注国家政策，培养低碳生活的意识和理念，自觉开展绿色出行、低碳消费。

110. 数字技术如何推进创新创业?

数字技术为企业创新提供了更多可能。在企业流程上，数字技术有助于业务流程改进，实现组织新能力和新功能，增强团队交流协作，提高效率和业务能力。[①] 在产品服务上，大数据技术可以使企业汇集数据和分析用户行为，绘制更精确的用户画像，从而推出更加个性化、针对化的产品和服务，增加对客户的吸引力和用户黏性。

随着数字技术发展，越来越多市场主体选择利用数字技术自主创业，数字创业规模增加，生态系统日渐完善，国家政策也日趋完善。数字技术在大众创业中发挥着重要作用。

从创业主体角度，创业主体数量不断增加，质量有所提升。一方面，数字技术的发展有助于培养更多相关人才，提高了主体

① 刘志阳、林嵩、邢小强:《数字创新创业:研究新范式与新进展》,《研究与发展管理》2021 年第 1 期。

的数字创业能力，提供了坚实的人才储备。另一方面，数字平台的包容性降低了创业门槛，创业者感知到的创业风险降低，鼓励更多主体积极自主创业。[①]

从创业过程角度，数字技术发展为创业全流程减负。第一，在市场进入和创业机会识别阶段，创业者可以运用数字技术发现市场痛点和蓝海，挖掘潜在的创业机会，更精准匹配市场需求，提高了创业活动的成功概率。第二，从创业成本和创业收益而言，数字技术的运用降低了企业的生产成本，数字资源的获取、管理、维护、利用的成本相对低廉；降低了企业的管理费用，流程更加便利；降低了企业的交易成本，改变了传统中心化机构，使创业过程更加便利快捷。第三，数字技术打破了创业的边界，增强了创业活动的开放性。一方面，资源获取和整合更加便捷高效，网络设备、信息技术等有助于企业高效整合现有资源，充分利用外部市场，改善管理流程。另一方面，创业者与内外利益相关者之间的交流协作也不断增强，用户可以参加到企业的经营活动中，增强了用户参与感和黏性，促进了企业与外部环境的信息交换，使得企业能够及时捕捉市场变化，降低运营风险。[②]第四，产出的产品和服务、传播媒介更加灵活多样，创业者可以借助不

---

① 蔡莉、杨亚倩、卢珊等：《数字技术对创业活动影响研究回顾与展望》，《科学学研究》2019 年第 10 期。

② 郭海、杨主恩：《从数字技术到数字创业：内涵、特征与内在联系》，《外国经济与管理》2021 年第 9 期。

同渠道推广商品。①

111. **数字技术如何带动中小企业发展?**

中小企业是实现我国经济可持续发展的有生力量,同样也是落实国家数字中国战略的重要组成部分。数字技术的发展给中小企业带来了宝贵的发展机遇、全新的市场前景。数字化对企业降本、增效、提质等方面具有巨大的推进作用,数字化转型也是中小企业成为"专精特新"企业的必然要求。

数字技术促进中小企业更加专业化的发展。中小企业可以利用数字技术收集采购、生产、加工、营销等方面大量的数据,通过分析数据,能够对这些流程进行优化,以便提出更加精准的决策,使企业的主营业务更加专业化,发挥竞争优势。通过把人工智能、大数据、物联网等新兴技术与生产相结合,企业能够降低成本,并且提高产品质量。另外,云平台的搭建也有助于企业在管理模式上推陈出新,提高管理水平和效率,能使企业专注于自身的主营业务,加快新产品的研发速度,提高企业在市场中的竞争力。

数字技术促进中小企业更加精细化的发展。大数据等数字技术的运用能够使企业及时且精细地对客户进行细分,使企业聚焦

① 余江、孟庆时、张越等:《数字创业:数字化时代创业理论和实践的新趋势》,《科学学研究》2018 年第 10 期。

到每一个客户的需求。根据客户的需求，企业能够生产定制化产品，并且可以实时追踪产品的质量以及客户的满意度，从而实现服务的精准化。物联网和工业互联网等技术的应用可以使企业实时获得生产过程中的各项数据，能够对生产过程进行精准地监控和控制，保证生产过程的安全性，保障生产产品的高质量。

数字技术促进中小企业更加特色化的发展。数字技术的应用，使企业能够更加精准地把控市场的动向，明确目前市场产品的发展方向。通过大数据应用，企业可以明确客户目前对产品的偏好和需求。基于这些数据，企业可以针对不同客户制定、研发、生产不同的产品，打造出独具特色的产品。在管理模式和企业财务模式方面，数字技术的应用可以使企业管理者深度了解企业的人员配置以及财务资金的流向。通过建立内部大数据平台，实时了解企业内部情况，有利于企业更好作出基于现状的正确决策。

数字技术可以提高中小企业的创新力。除了获得和分析客户的偏好和需求，数字技术还打破了传统消费者与生产者的边界，可以使客户参与到企业的创新研发当中，创造以客户为中心的产品。比如海尔通过"海立方"这一平台激励用户参与到创新与设计中来，也会通过微博等社交平台征求网友的意见建议。此外，数字技术能够使得企业的制造、包装、销售直至交付等多个环节数字化，根据这些数据的分析结果，企业可以进一步研发产品、提高产品性能，从而提高企业的创新能力和迭代速度。最后，数字技术的应用可以将供应链上下游的企业连接起来，不同企业之间数据、技术的交流能够为中小企业的产品创新、技术创新、商业模式创新以及管理创新提供新的方向和可能。

112. 什么是数字货币？

数字货币（Digital Currency，DC）是在数字计算机系统（特别是通过互联网）上管理、存储或交换的任何货币或类货币资产，其主要类型包括：加密货币（Cryptocurrency）、虚拟货币（Virtual Currency）和央行数字货币（Central Bank Digital Currency，CBDC）。

首先，最为我们熟知也是最早出现的加密货币就是比特币（Bitcoin），它在 2009 年首次作为开源的软件发行。比特币的交易由网络节点通过密码学进行验证，并记录在一个被称为区块链的公共分布式数字账簿中，在其出现后的很长一段时间里，已经引发了数次"挖币热"和投资热。从本质上说，加密货币是一种依托计算机网络的交易媒介，一个典型的特征是它不依赖于任何中心化的机构（如政府和银行），而是由网络中的参与者共同维护和验证交易。个体的数字货币所有权记录都被存储在以计算机数据库为形式的数字账簿中，这种数字账簿运用强大的密码学知识来保护交易记录，控制额外货币的创造，以及确认货币所有权的转移。

其次，虚拟货币与加密货币有所不同，它是一种基本不受监管的数字货币，由其开发者发行通常也由开发者控制，在特定的虚拟社区成员之间以电子方式使用和接受。例如，在网络游戏中，它们可以用于购买虚拟商品、游戏道具或虚拟世界中的服务等，但通常无法在现实世界中进行广泛的交易和使用。2013 年，美国财政部下属的金融犯罪执法网络（FinCEN）将虚拟货币定义为"在某些环境中像货币一样运作的交换媒介，但不具备真实货币的所有属性"。特别地，虚拟货币在任何司法管辖区内都不具有法定货币地位。2018 年，欧洲议会和理事会将虚拟货币一词定义为"不由中央银行或公共机构发行或担保，不一定依附于法定货币，不具备货币或金钱的法律地位，但被自然人或法人接受为交换手段，并可通过电子方式转让、储存和交易的数字价值代表"。

最后，中央银行数字货币（也被称为数字法币或数字基础货币）是一种由中央银行而不是商业银行发行的数字货币。它就像实物纸币和硬币一样，也是中央银行的一种负债，并以主权货币计价。虽然中央银行数字货币也不具有实物形态，但与加密货币以及虚拟货币不同的是，中央银行数字货币的发行主体是国家。世界各地的大多数中央银行现在正处于推出本国数字货币的不同评估阶段。根据欧洲央行行长克里斯蒂娜·拉加德（Christine Lagarde）的说法，超过 80 家中央银行正在研究数字货币。其中，中国的数字人民币是第一个由主要经济体发行的数字货币。

截至 2023 年 1 月，有 6 家中央银行推出了数字货币，它们分别是：巴哈马中央银行（沙元）、东加勒比中央银行（DCash）、尼日利亚中央银行（电子奈拉）、牙买加银行（JamDex）、中国人民银行（数字人民币）和印度储备银行（数字卢比）。

113. 数字货币与移动支付有何区别？

2019 年底，由中国人民银行发行的数字人民币相继在深圳、苏州和成都等城市展开试点，在移动支付技术水平和普及程度都位于世界前列的中国，人们可能会发出这样的疑问：为什么在已经拥有如此发达的线上移动支付体系的情况下，我们还需要一个同样没有实体的"数字货币"？

事实上，数字货币与移动支付在本质上是完全不同的两个概念。央行发行的数字货币是一种数字形式的法定货币，它和纸钞硬币等价，意味着财富本身；而移动支付，不管是通过移动设备（如智能手机）绑定银行卡的直接转账，还是通过"支付宝"或"微信支付"完成的第三方支付，都只是让实际货币（如法定货币）财富位置发生变化的方式，即仅仅意味着财富的传输或转移。

换句话说，数字货币主要用于在数字经济中进行价值交换，可以用于购买商品或进行投资等，其作用与实际货币等价；而移动支付只是一种支付工具，用于在线上或线下场景中进行支付交易。用户可以使用移动设备上的应用程序，通过扫描二维码、近场通信（NFC）等方式进行支付，完成实际货币的传输或转移。

举例来说，如果中央银行无节制地过度增发数字货币，那么其所产生的经济影响与印刷纸钞的效果无异，也会实际引发通货膨胀。同理，在未来技术成熟时，我们完全可以利用央行数字货币来施行货币政策，通过影响利率进而影响消费和储蓄。而增加移动支付的使用，仅仅是加快了货币从 A 口袋向 B 口袋转移的频率，并不会对经济增长产生根本性的改变——其仅仅是我们完成支付的手段和工具。尽管从某种程度上说，移动支付所带来的便捷性会刺激我们的消费意愿，但归根结底，消费的根本动力仍然是个体的可支配收入，即财富的多少。

114. 什么是数字生态？

数字生态是一个涵盖数字经济、数据要素、数字技术、数字产业化、产业数字化、数字化治理的综合概念。数字生态不仅仅指数字技术的应用，更是指从数据要素到数字产业的全产业价值链，这个过程需要各方主体积极配合，协同实现数字产业价值。相对于传统供应链结构和产业结构，数字经济具有新要素、新组织、新模式和新格局特征，而随着数据要素和数字技术赋能传统生产要素，数字经济也呈现出更加复杂、动态演变的结构特征，趋向于一个商业生态系统。

　　商业生态系统最早是由詹姆斯·摩尔（James Moore）首次提出，他将其定义为是一个由相互作用的各种不同商业实体、组织、合作伙伴和其他相关参与者构成的复杂网络和经济联合体①，强调在产品发展的不同阶段，不同的企业、合作伙伴和市场参与者在整个生态系统中扮演着不同的角色，共同促进产品的发展和市场的成长。此后，商业生态理论得到不断拓展和延伸，学术界将商业生态理论划分为三大类流派。第一，以企业及其环境为中心的"商业生态系统"流派。该流派主要关注单个公司或新企业，并将生态系统视为"影响企业和企业客户及供应的组织、机构和个人的社区"②。第二，围绕一个特定的创新或新的价值主张和支持它的行动者的"创新生态系统"流派。该流派主要关注创新生态系统内部各创新活动参与主体之间的相互作用，以及探讨如何推动创新实现商业化③。第三，考虑参与者如何围绕一个平台组织的"平台生态系统"流派。④该流派主要研

---

① Mooer, J. F., *The Death of Competition: Leadership and Strategy in the Age of Business Ecosystem*, NewYork, NY: Harper Business, 1996.

② Teece, D. J., "Explicating Dynamic Capabilities: the Nature and Microfoundations of（Sustainable）Enterprise Performance", *Strategic Management Journal*, 2007, 28（13）, pp.1319–1350.

③ Adner, R., "Match Your Innovation Strategy to Your Innovation Ecosystem", *Harvard Business Review*, 2006, 84（4）, p.98.

④ Jacobides, M. G., Cennamo, C., Gawer, A., "Towards a Theory of Ecosystems", *Strategic Management Journal*, 2018, 39（8）, pp.2255–2276.

究平台发起者与参与者之间的相互依赖关系。① 尽管商业生态系统的研究存在不同流派，但所有文献都有一个普遍共识，即生态系统可视为是一个由相互作用的行动者组成的经济共同体，所有行动者都通过他们的活动相互影响。本书将商业生态定义为是指由相互交互的各类组织、企业和个人共同支撑的一个经济共同体（Economic Community），是整个商业世界的有机组织（the Organisms of the Business World）。商业生态中的成员囊括了包括政府、行业协会供应商、主要生产商、竞争对手、客户等一系列利益相关者（Stakeholders），这些生态伙伴在整个生态共同演化（Co-Evolve）中，分享愿景，发展解决方案，相互建立信任，从而形成命运共同体；而生态的核心企业（Ecosystem Leader）将在整个过程中起到关键的主导、协调和促进作用。

根据商业生态理论，数字生态可以定义为：围绕数据产业发生交互的各类组织、企业和个人共同支撑的一个数据产业共同体。数据生态中的成员囊括政府、行业协会、供应商、主要生产商、竞争对手、客户等一系列利益相关者，这些生态伙伴在整个生态共同演化中，分享愿景，发展解决方案，相互建立信任，从而形成命运共同体；而生态的核心企业将在整个过程中起到关键的主导协调和促进作用。

---

① Cennamo, C., Santalo, J., "Platform Competition: Strategic Trade-offs in Platform Markets", *Strategic Management Journal*, 2013, 34 (11), pp.1331–1350.

115. 数字生态的结构是什么样的？

根据数字生态的定义，数字生态的构建已经不再是一家企业可以独自完成的模式，必须引入生态合作伙伴的概念来解构数字生态。基于"商业生态理论"[①]，数字生态中的全部生态合作伙伴，可用一种差序格局的视角划分为产业价值网络和泛社区网络两大类，两类网络随着产业发展动态迭代演化（见图5—3）。因此，数字生态的结构也包括数字产业价值网络和数字泛社区网络两大结构。

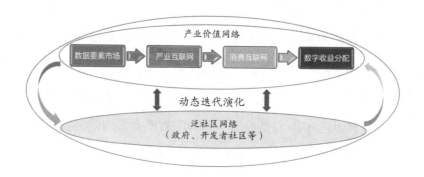

图5—3　数字生态的结构

第一部分是数字产业价值网络，即企业为实现数字产业价值而建立的直接合作伙伴系统。根据数字产业价值链，凡是参与数据要素市场、产业互联网、消费互联网等数字价值创造过程的所

---

① Rong K., Shi Y., *Business Ecosystems: Constructs, Configuration and Nurturing Process*, London: Palgrave Macmillan, 2014.

有合作伙伴均在产业价值网络中，根据其在数字产业价值网络中的地位可分为核心企业、领袖合作伙伴、产业链中的其他合作伙伴。其中，核心企业是指提出构建数字产业价值网络的企业，领袖合作伙伴主要是指数字产业中处于优势领导地位或者具备优秀发展前景的企业，产业链中的其他合作伙伴则是指其他连接到核心企业所构建的数字产业价值网络中的各类企业。

需要强调的是，数字产业价值链包括数据授权、采集、归集、存储、加工、要素交易、生产、产品交易、消费等核心环节。其中，数据授权、采集、归集涉及所有产生、采集和归集数据的主体，产生数据的主体包括政府、个业、平台、个人等，采集和归集数据的主体包括政府、企业、平台等。数据存储和加工涉及的主体主要包括各类基于数据资源开发数据要素和产品的政府、企业和平台。数据交易主要以市场机制决定价格和交易方式，交易涉及的主体主要包括不同类型数据要素的供给者和需求者。数据消费涉及的主体包括政府、企业、平台、个人等。此外，为满足某些特殊场景需求，一些企业和平台还会将数据要素和产品进行再加工，从而延长了数据产业链和价值链，衍生出数据产业的新产业、新分工、新市场、新模式、新财富，也扩展了数据产业价值网络的主体范围。

第二部分是数字泛社区网络，即企业为实现数字产业的未来价值而需要的潜在合作伙伴以及所有支撑企业实现产业价值，但又不直接创造产业价值的间接合作伙伴。数字泛社区网络主体主要包括各类为数字产业价值发展提供支撑的社会资源池，比如政府、科研机构、高校、产业联盟、金融中介等。泛社区网络的核心特征是当前没有参与企业的价值创造过程。

数字泛社区网络主体则囊括了没有直接参与数据价值创造，但是却有助于数据要素实现价值的各类主体，主要包括两类。第一类为实现未来产业价值而需要的潜在合作伙伴，当前不参与价值创造过程，如一些暂时难以采集、交易和利用数据领域的企业，虽然当前无法参与数据价值创造，但未来具有价值创造的前景。第二类是所有支撑企业，它们是实现价值但又不直接创造产业价值的间接合作伙伴，比如，政府可以通过制定相关的法律法规规范整个数据价值链中的各个环节，让数据要素市场更加规范化发展；产业联盟、评级机构可以帮助制定数据要素市场的标准；甚至一些待数字化转型的传统企业也可以对数据价值链起一定的纠偏作用。

根据数字产业发展现状和数字生态构建情况，当聚焦数字产业价值网络时，更多考虑数字生态中数字产业价值网络内的各类主体的连接，而当考察整个数字生态时，还需进一步考虑泛社区网络中各类合作伙伴带来的影响。

数字产业价值网络与数字泛社区网络的动态迭代演化表现为，在数字生态中，随着新场景和商业模式的开发，泛社区网络主体有可能进入数字价值链之中。而有些数字价值链中的主体也可能因为商业模式的不可持续转化为泛社区网络主体，最终起到支撑数字价值链的作用。在有些场景下，某些数字商品（例如数据）的直接交易不可行，基于直接交易而形成的交易中心面临退出数字价值链或者进行调整革新的倒逼机制。在这一过程中，为直接交易而设立的交易中心一方面可以进入泛社区网络之中，为其他类型的数字商品交易中心提供经验支撑，另一方面也可以加快调整，向隐私计算交易中心层面进行革新，直至出现一个既符合市场规律，又能起到监管治理作用的交易中心，充分发挥市场机制作用。在数字生态下，参与主体的明确和市场活力的激发最终可以帮助形成一个经济效益高、监管体系强的数字经济要素市场，为后续数字经济要素市场的收益分配奠定基础，这也是数字经济高质量发展的自我革新、提高韧性的进化路径。

116. 如何理解数字生态竞争？

数字生态竞争是指在数字化时代，各个行业和企业之间为争夺用户、数据和市场份额而展开的一种全新的竞争形态。在数字化的背景下，技术、数据和创新成为企业竞争的核心要素，而数字生态竞争则强调了构建和掌握全面数字化生态系统的重要性。

首先，数字生态竞争强调了合作与共生。在传统竞争模式下，企业通常通过竞争对手间的直接竞争来获取优势地位。然而，在数字化时代，合作与共生变得更为重要。企业需要通过构建开放的数字生态系统，与不同的合作伙伴共同创造价值，并通过共享资源、数据和技术来实现共赢。数字生态竞争倡导通过合作构建更大的生态圈，以实现持续的创新和增长。

其次，数字生态竞争侧重于用户体验和数据驱动。数字化时代，用户体验成为企业竞争的关键点。通过数字技术的应用，企业可以更好地理解和满足用户需求，并提供个性化、便捷和高品质的产品和服务。同时，数据的收集、分析和运用成为竞争的关键。通过对海量数据的挖掘和分析，企业可以获取深入洞察，从而优化产品设计、市场推广和运营策略，提升竞争力。

再次，数字生态竞争强调平台化和生态闭环。在数字化时代，构建数字平台成为企业发展的重要策略。数字平台能够集成各种资源和服务，打通产业链上下游，实现资源的高效配置和价值的最大化。通过构建生态闭环，企业能够掌握用户的入口和出口，实现多方互利的合作与交流，形成良性循环，进一步提升竞争力和创新能力。

最后，数字生态竞争也带来了新的挑战和风险。随着数字化的快速发展，竞争对手可以通过技术创新和快速迭代来迅速颠覆传统行业格局。在数字化时代，企业需要不断进行技术创新和变革，以保持竞争力。同时，数字化也带来了数据安全和隐私保护的风险，企业需要加强对数据的保护，合规合法地运用数据。

117. 如何推进数字经济法规建设？

完善的法律法规体系能够为数字经济发展提供法律约束和制度保障，加快数字经济法规建设势在必行。

（1）革新立法思路。数字经济法规建设不能简单套用传统立法模式，应当基于数字经济的核心特征和发展过程中的独特问题，多主体、平台联动合作，线上线下制度设计相结合，不断完善与数字经济发展相适应的政策法规体系。

（2）加快专门立法。完善的配套法律建设是数字经济健康发展的保障，应当做到有法可依、有法必依。依托网联网技术等产生的新产品、新服务涌入市场，新客体的出现要求相对滞后的法律尽快跟上数字时代步伐。一方面，《民法典》已经通过数据标的、电子合同、平台责任等条款努力解决数字时代的新问题；另一方面，应当加速出台数字经济相关的专门立法，以更加系统完善的法律形式对数字经济相关的法律问题加以规范。

（3）把握立法重点领域。第一，数字经济立法应当保障个人隐私和信息安全，维护数据主体权利和尊严。在大数据时代，个人信息近乎透明，个体常常处于隐私被侵犯和维权无门的困境。立法应当注重为个人隐私构筑坚不可摧的保护层，保护数据主体信息不被泄露和非法利用。第二，数字经济立法应当保障企业合法权益和促进创新发展。作为信息时代的重要战略资源，数据对企业的重要价值不言而喻。首先，要保护企业的数据财产安全，防范核心资产流失和机密信息泄露；其次，要保障企业在底线之上合法高效地流通和利用数据，最大程度发挥数据的价值；最后，要加强和改进反垄断立法，维护公平竞争、安全有序的市场竞争环境，促进公平竞争和创新发展。第三，数字经济立法应当保障国家的数字主权和安全。数据正在逐渐成为国家核心信息的重要载体之一，在国际竞争中发挥着日趋重要的作用，对数据的治理一定程度上影响着全球经济战略格局，数据安全治理是国家发展的战略性保障。

（4）兼顾本土化与国际化。一方面，数字经济法规需要立足我国国情，探讨中国数字经济发展中的关键问题和法律隐患。另一方面，数字经济的发展具有跨地域、跨领域、跨部门等特点，对数字经济活动的监管也应当注重不同领域、不同地区、不同国家之间的交流合作。数字经济立法应当注重与国际接轨，加强跨国合作和联合监管。

附　录

中国关于数字经济的政策文件

中央部分数字经济政策文件

时间	文件	发文单位
2020 年	国务院办公厅关于加快推进政务服务"跨省通办"的指导意见（国办发〔2020〕35 号）	国务院办公厅
2020 年	国家发展改革委　中央网信办印发《关于推进"上云用数赋智"行动　培育新经济发展实施方案》的通知（发改高技〔2020〕552 号）	国家发展改革委、中央网信办
2020 年	关于加快构建全国一体化大数据中心协同创新体系的指导意见（发改高技〔2020〕1922 号）	国家发展改革委等部门
2020 年	工业和信息化部关于工业大数据发展的指导意见（工信部信发〔2020〕67 号）	工信部
2021 年	国家发展改革委等部门关于推广"十三五"时期产业转型升级示范区典型经验做法的通知（发改振兴〔2021〕1454 号）	国家发展改革委等部门
2021 年	关于加快推动区块链技术应用和产业发展的指导意见（工信部联信发〔2021〕62 号）	工信部、中央网信办
2021 年	工业和信息化部关于印发《新型数据中心发展三年行动计划（2021—2023 年）》的通知（工信部通信〔2021〕76 号）	工信部

续表

时间	文件	发文单位
2021 年	十部门关于印发《5G 应用"扬帆"行动计划（2021—2023 年）》的通知（工信部联通信〔2021〕77 号）	工信部等部门
2021 年	关于印发《物联网新型基础设施建设三年行动计划（2021—2023 年）》的通知（工信部联科〔2021〕130 号）	工信部等部门
2021 年	国务院办公厅关于印发全国一体化政务服务平台移动端建设指南的通知（国办函〔2021〕105 号）	国务院办公厅
2021 年	国务院关于印发"十四五"市场监管现代化规划的通知（国发〔2021〕30 号）	国务院
2021 年	国务院关于印发"十四五"数字经济发展规划的通知（国发〔2021〕29 号）	国务院
2022 年	工业和信息化部办公厅　国家发展改革委办公厅关于促进云网融合　加快中小城市信息基础设施建设的通知（工信厅联通信〔2022〕1 号）	工信部、国家发展改革委
2023 年	国家数据局等部门关于印发《"数据要素 ×"三年行动计划（2024—2026 年）》的通知（国数政策〔2023〕11 号）	国家数据局等部门
2023 年	国家发展改革委　国家数据局关于印发《数字经济促进共同富裕实施方案》的通知（发改数据〔2023〕1770 号）	国家发展改革委、国家数据局
2023 年	商务部等 12 部门关于加快生活服务数字化赋能的指导意见（商服贸发〔2023〕302 号）	商务部等部门

地方部分数字经济政策文件

时间	文件	地方
2022 年	北京市经济和信息化局关于印发《北京市数字经济全产业链开放发展行动方案》的通知（京经信发〔2022〕41 号）	北京市
2022 年	北京市经济和信息化局关于印发《北京市促进数字人产业创新发展行动计划（2022—2025 年）》的通知（京经信发〔2022〕59 号）	
2022 年	北京市经济和信息化局关于印发《北京市推动软件和信息服务业高质量发展的若干政策措施》的通知（京经信发〔2022〕162 号）	

续表

时间	文件	地方
2021 年	北京市商务局　中共北京市委网络安全和信息化委员会办公室　北京市财政局　北京市经济和信息化局　北京市知识产权局关于印发《北京市关于促进数字贸易高质量发展的若干措施》的通知（京商服贸字〔2021〕36 号）	北京市
2021 年	北京市经济和信息化局关于印发《关于加快新型基础设施建设支持试点示范推广项目的若干措施》的通知（京经信发〔2021〕78 号）	
2021 年	广东省人民政府关于印发广东省制造业数字化转型实施方案及若干政策措施的通知（粤府〔2021〕45 号）	广东省
2021 年	广东省人民政府关于加快数字化发展的意见（粤府〔2021〕31 号）	
2020 年	广东省人民政府关于印发广东省建设国家数字经济创新发展试验区工作方案的通知（粤府函〔2020〕328 号）	
2020 年	深圳市人民政府办公厅关于印发《深圳市数字经济产业创新发展实施方案（2021—2023 年）》的通知（深府办函〔2020〕136 号）	深圳市
2022 年	浙江省人民政府办公厅关于印发推进细分行业中小企业数字化改造行动方案的通知（浙政办发〔2022〕45 号）	浙江省
2021 年	浙江省人民政府办公厅关于印发浙江省数字经济发展"十四五"规划的通知（浙政办发〔2021〕35 号）	
2020 年	浙江省商务厅　中共浙江省委网络安全和信息化委员会办公室关于印发《浙江省数字贸易先行示范区建设方案》的通知（浙商务联发〔2020〕136 号）	
2022 年	省政府关于加快统筹推进数字政府高质量建设的实施意见（苏政发〔2022〕44 号）	江苏省
2021 年	省政府办公厅关于印发江苏省"十四五"数字经济发展规划的通知（苏政办发〔2021〕44 号）	
2022 年	福建省做大做强做优数字经济行动计划（2022—2025 年）	福建省
2021 年	福建省财政厅　福建省发展和改革委员会关于印发《福建省数字经济发展专项资金管理办法》的通知（闽财建〔2021〕11 号）	
2021 年	福建省人民政府关于印发国家数字经济创新发展试验区（福建）工作方案的通知（闽政〔2021〕5 号）	

续表

时间	文件	地方
2021 年	安徽省人民政府办公厅关于印发加快"数字皖农"建设若干措施的通知（皖政办〔2021〕18 号）	安徽省
2020 年	安徽省人民政府办公厅关于促进线上经济发展的意见（皖政办秘〔2020〕54 号）	
2021 年	天津市人民政府关于印发天津市加快数字化发展三年行动方案（2021—2023 年）的通知（津政发〔2021〕14 号）	天津市
2021 年	天津市人民政府办公厅关于印发天津市新型基础设施建设三年行动方案（2021—2023 年）的通知（津政办发〔2021〕3 号）	
2021 年	河南省人民政府关于印发河南省"十四五"数字经济和信息化发展规划的通知（豫政〔2021〕51 号）	河南省
2020 年	河北省人民政府关于印发河北省数字经济发展规划（2020—2025 年）的通知（冀政字〔2020〕23 号）	河北省
2020 年	河北省人民政府办公厅印发关于支持数字经济加快发展的若干政策的通知（冀政办字〔2020〕172 号）	
2022 年	黑龙江省人民政府关于印发黑龙江省"十四五"数字经济发展规划的通知（黑政发〔2022〕9 号）	黑龙江省
2022 年	黑龙江省人民政府办公厅关于印发黑龙江省支持数字经济加快发展若干政策措施的通知（黑政办规〔2022〕12 号）	
2021 年	黑龙江省人民政府关于印发推动"数字龙江"建设加快数字经济高质量发展若干政策措施的通知（黑政规〔2021〕14 号）	
2023 年	关于印发《吉林省大数据产业发展指导意见》《吉林省制造业智能化改造和数字化转型行动方案（2023—2025 年）》《关于进一步加强数字政府建设的若干举措》的通知（数字吉林办〔2023〕5 号）	吉林省
2021 年	辽宁省人民政府办公厅关于印发数字辽宁发展规划（2.0 版）的通知（辽政办发〔2021〕25 号）	辽宁省
2021 年	山西省人民政府关于印发山西省加快推进数字经济发展的实施意见和若干政策的通知（晋政发〔2021〕25 号）	山西省
2021 年	自治区人民政府办公厅关于印发宁夏回族自治区数字经济发展"十四五"规划的通知（宁政办发〔2021〕69 号）	宁夏回族自治区

续表

时间	文件	地方
2022 年	省工业和信息化厅等五部门关于印发支持工业领域数字化转型的若干政策措施的通知（黔工信信发〔2022〕25 号）	贵州省
2021 年	省大数据发展领导小组办公室关于印发贵州省"十四五"数字经济发展规划的通知（黔数据领办〔2021〕21 号）	
2018 年	省人民政府关于印发贵州省实施"万企融合"大行动打好"数字经济"攻坚战方案的通知（黔府发〔2018〕2 号）	

后 记

随着信息技术的迅猛发展和互联网的广泛普及，数字经济已成为推动全球经济增长和社会进步的重要引擎。中国作为世界上最大的发展中国家，对数字经济的重视和发展尤为突出。2023年2月，中共中央、国务院印发的《数字中国建设整体布局规划》明确提出，"建设数字中国是数字时代推进中国式现代化的重要引擎，是构筑国家竞争新优势的有力支撑。加快数字中国建设，对全面建设社会主义现代化国家、全面推进中华民族伟大复兴具有重要意义和深远影响"，并要求各地区各部门结合实际认真贯彻落实。

尽管各地区各部门高度重视数字经济建设，一些地方政府已经取得了一定进展，但依旧有许多地方政府的领导干部和管理人员对数字化认识不足，缺乏对数字建设的深度理解和把握，导致数字化建设进展缓慢。在此背景下，我们写了《数字经济知识百问》一书，旨在为地方党政领导干部和关注数字经济发展的广大读者提供一个系统、全面、深入浅出的学习材料，帮助大家更好地理解和把握数字经济的内涵、外延以及发展趋势。

回顾本书的写作过程，我们深感数字经济涉及的领域之广、内容之深。从云计算、大数据、人工智能等前沿技术的应用到产业互联网、消费互联网、数据要素市场等多样化业态的涌现，数字经济正在以前所未有的速度改变着我们的生产生活方式。我们尽可能地涵盖了数字经济的各个方面，希望通过这 100 多个问题，能全面、系统地展现数字经济的全貌。但我们也深知，数字经济是一个日新月异的领域，有许多新的现象和问题仍在不断地涌现。因此，本书只是一个起点，而不是终点。希望它能激发更多人对数字经济的兴趣和思考。未来，我们将继续跟踪数字经济的前沿动态和实践经验，不断完善和更新内容。

最后，希望《数字经济知识百问》能成为广大读者在探索数字经济奥秘、参与数字中国建设过程中的得力助手。让我们携手共进，共同迎接数字经济的美好未来！

感谢国家自然科学基金青年项目（基于多类型互补者的数字平台生态治理机制研究，项目号：72202159)，上海市浦江人才计划（基于数字共性技术的产业平台最优定价机制研究，项目号：22PJC118)对本书的支持。

感谢乔亲旺、翁航、李振华、江大勇、邱道隆等业界人士在本书写作过程中提供的支持。同时感谢黄成、李婷婷、寇宏伟、廖凯诚、康正瑶、郝飞、李谭卉一、杨甜茜、吕若明、凌昀舒、田晓轩、王恩泽、何昕晟、郑博中、徐欣祯、郭佳钰、欧阳鑫、王杰鑫等同学在资料收集与整理过程中所作的贡献。本书在写作过程中，参考了众多学者相关研究成果，在此也一并表示感谢。

周迪、戎珂、孙震

2023 年 12 月